Schöningh

EinFach Musik

Unterrichtsmodell

Programmmusik

Von Robert Lang

Herausgegeben von
Norbert Schläbitz

Bildnachweis:
S. 10 l.: bpk/J. Löwy – **S. 10 r.**: picture-alliance/dpa – **S. 22 l.**: picture-alliance/akg-images – **S. 22 r.**: picture-alliance/United Archives/TopFoto – **S. 25, 40**: Zeno.org: 40.000 Meisterwerke. Teil 2: Zeichnung, Grafik, S. 2444 © 2007 The Yorck Project – **S. 28 r.**: akg-images – **S. 28 l.**: © CeBeDeM, Belgium – **S. 29**: © contrastwerkstatt – Fotolia.com – **S. 41, 44 u., 61**: Verlagsarchiv Schöningh/Matthias Berghahn, Bielefeld – **S. 43 o.**: Sammlung Jungfleisch, Essen – **S. 44 o.**: Privatbesitz – **S. 78 l.**: picture-alliance/newscom/Picture History – **S. 78 o.r.**: Wikipedia – **S. 78 u.r.**: picture-alliance/akg-images – **S. 87**: © Succession Picasso/VG Bild-Kunst, Bonn 2013

Westermann Schroedel Diesterweg Schöningh Winklers GmbH
Braunschweig, Paderborn, Darmstadt

www.schoeningh-schulbuch.de
Schöningh Verlag, Jühenplatz 1–3, 33098 Paderborn

Druck 5 4 3 2 1 / Jahr 2018 17 16 15 14
Die letzte Zahl bezeichnet das Jahr dieses Druckes.

Umschlaggestaltung: Jennifer Kirchhof
Druck und Bindung: westermann druck GmbH, Braunschweig

ISBN 978-3-14-018096-2

Vorwort

Der vorliegende Band ist Teil einer Reihe von Unterrichtsmodellen, die von Lehrerinnen und Lehrern erprobt wurden und an den Bedürfnissen der Schulpraxis orientiert sind. Sie decken ein breites Spektrum tradierter und aktueller Themenbereiche ab. So werden Unterrichtsmodelle zu Komponisten oder Epochen vorgelegt, darüber hinaus sind Modelle und Unterrichtsvorschläge zu relevanten Themen des Faches Musik im Zusammenhang mit seinen Nachbarfächern vertreten. Den Unterrichtsmodellen beigefügt sind CDs mit dem Großteil der behandelten Musikstücke unter Verzicht auf gängige Musikliteratur.
Die Reihe EinFach Musik sucht dabei den schulischen Gegebenheiten Rechnung zu tragen und bietet ein ausgewogenes Verhältnis von Aufgaben, Impulsen, Fragestellungen oder Projekten ohne und mit Notenkenntnissen. Im Mittelpunkt stehen Bausteine, die jeweils thematische Schwerpunkte mit entsprechenden Untergliederungen beinhalten.
In einem ausführlichen Inhaltsverzeichnis erhält der Benutzer/die Benutzerin zunächst eine Übersicht über die Inhalte der im Modell behandelten Bausteine.

Es folgen:

- Vorüberlegungen zum Einsatz des Buches im Unterricht
- Hinweise zur Konzeption des Modells
- Ausführliche Darstellung der einzelnen Bausteine
- Zusatzmaterialien

Ein besonderes Merkmal der Modelle ist die Praxisorientierung. Enthalten sind kopierfähige Arbeitsblätter, Tafelbilder, konkrete Arbeitsaufträge, Projektvorschläge. Handlungsorientierte Methoden und produktionsorientierte, kreative Verfahren im Umgang mit Musik sind in gleicher Weise berücksichtigt wie eher traditionelle Verfahren zur Erschließung von Musikliteratur. Die integrierte CD mit den Musikbeispielen ermöglicht einen schnellen Zugriff auf die behandelte Musikliteratur. Neben den ins Heft eingebundenen Notenbeispielen oder Mitspielsätzen sind solche gelegentlich auch als Datensätze bzw. MIDI-Files auf den beigelegten CDs abgelegt.

Das Bausteinprinzip ermöglicht es den Lehrerinnen und Lehrern, Unterrichtsreihen in unterschiedlicher Weise und mit unterschiedlichen thematischen Akzentuierungen problemlos und variabel zu konzipieren.

Auf diese Weise erleichtern die Modelle die Unterrichtsvorbereitung und damit die Arbeit der Lehrerinnen und Lehrer.

Einzelarbeit
Partnerarbeit
Gruppenarbeit
Unterrichtsgespräch
Schreibauftrag
Szenisches Spiel Standbild
Hörauftrag (Musik hören)
Hör- und Beobachtungsauftrag
Zur Musik malen/Zeichnen
Musizieren
SII Besonders geeignet für die Sek. II
P Projekt, offene Aufgabe
Hausaufgabe
Textarbeit
Arbeit am Notentext
Zur Musik bewegen

Inhaltsverzeichnis

Baustein 3: Was heißt außermusikalisch? Literatur als Quelle für Programme 47

Baustein 4: Was heißt außermusikalisch? Autobiografie als Quelle für Programme 65

Baustein 5: Der gegängelte Hörer – Musik und Programme in der Kritik 81

Vorüberlegungen zum Unterrichtsmodell

„Also erschrecken Sie – Programmmusik."[1] Als Richard Wagner 1857 mit diesen Worten seinen warnenden Zeigefinger hob, war eine neue Art, dem Publikum Musik zu vermitteln, längst auf Erfolgskurs. Sinfonien wurden mit aussagekräftigen Titeln wie „Harold in Italien" versehen; zu einigen reichte man außerdem lange Programmtexte, um die Fantasie in Richtung der vorgesehenen Bilder und Handlungen zu lenken. Doch Programmmusik war heftig umstritten: Instrumentalmusik mit inhaltlichen Festlegungen, Hörer, die nur noch mit dem Wiedererkennen und Zuordnen außermusikalischer Dinge beschäftigt waren – das erschien den Kritikern entweder als allgemeiner Qualitätsverlust von Konzertkultur oder als störende Konkurrenz zur Oper (wie im Falle Wagners).

Und heute? Der Streit unter Experten ist Vergangenheit und Programmmusik erfreut sich allgemeiner Beliebtheit. Natürlich gibt es auch in der Gegenwart ein kritisches Publikum, das triviale Tonmalerei und allzu plakative Affektmittel mancher Stücke belächelt. Aber die großen Orchesterwerke von Berlioz, Liszt, Grieg und Strauss genießen hohes Ansehen und sind fest im Konzertbetrieb verankert. Im Laienbereich und unter Musikpädagogen ist von Programmmusik ebenfalls viel die Rede, wobei sich der Begriff hier deutlich geweitet hat. Programmmusik scheint von barocken Tonmalereien bis zu aktuellen musikalischen Märchen alles zu umfassen, was außermusikalisch motiviert ist. Diese Großzügigkeit verwundert kaum, lädt die Musik doch so unmittelbar zum Assoziieren und zu allerlei handlungsorientierten Zugängen wie Malen, Dichten und szenischem Spielen ein.

Der vorliegende Band greift den so motivierenden inhaltsbezogenen Aspekt von Programmmusik auf, wie er in den meisten Bildungsplänen vorkommt (z. B. Tiere in der Musik oder Natur in der Musik), integriert ihn allerdings in größere Zusammenhänge. Erstens werden die wichtigsten drei Inspirationsquellen voneinander unterschieden, und zwar die bildende Kunst, die Literatur und die persönlichen Erlebnisse der Komponisten. In jedem dieser Bereiche bündeln sich bestimmte Eigenschaften der musikalischen Machart von Programmmusik. Zweitens wird die sogenannte absolute Musik, die gerne als Gegenstück zur Programmmusik gehandelt wird, unter die Lupe genommen. Das betrifft nicht nur die historische Debatte um kompositorische Qualitäten, sondern auch die Hörweisen der Schülerinnen und Schüler von heute. Die Frage, in welcher Abhängigkeit das Musikhören von Texten, Bildern und anderen Bezugspunkten steht, ja ob es ein isolierendes Hören rein musikalischer Strukturen überhaupt gibt, wird im Kontext von absoluter Musik aufgeworfen und zieht sich als roter Faden durch alle fünf Bausteine.

Programmmusik, so wird deutlich, hat für die musikalische Bildung ein großes Potenzial. Obgleich im engeren Sinne eine Angelegenheit des 19. Jahrhunderts, bietet sie bis heute Anlass für differenzierte Hörstrategien und vielfältige Anknüpfungspunkte ästhetischer Gestaltung. Dass beim Erschließen von Programmmusik in ihrer ganzen Tragweite sowohl frühe (also vor-romantische) abbildende Kompositionen Berücksichtigung finden müssen als auch aktuelle populäre Musik, ist eine Selbstverständlichkeit. Erschrecken Sie also nicht.

---

1 Julius Kapp (Hg.), Richard Wagners gesammelte Schriften, Bd. 8, Leipzig 1914, S. 111

Zur Konzeption des Unterrichtsmodells

Die Bausteine des Unterrichtsmodells folgen einem Dreischritt. Den Kern bilden die Bausteine 2 bis 4, indem sie sich mit ihrer Leitfrage „Was heißt außermusikalisch?" je einer der typischen Inspirationsquellen von Programmmusik widmen. Vorangestellt ist eine Einführung, die im Gewand des Themas „Absolute Musik" einen geschärften Blick von außen auf den Komplex Programmmusik bietet. Der letzte Baustein bettet die Streitfrage um Programme in die Ästhetik des 19. Jahrhunderts ein; gleichzeitig birgt er mit der Reflexion des aktuellen Musik- und Informationskonsums auch einen Ausblick.
Hier eine kurze Beschreibung aller fünf Bausteine:

Baustein 1 erläutert die Idee der absoluten Musik und lädt dazu ein, Musik einmal unabhängig von Programmen zu erschließen. Ausgangspunkt ist das Streichquartett op. 76,1 in G-Dur von Joseph Haydn, das zunächst als autonomes Instrumentalwerk, dann aber probehalber auch im Zusammenhang mit diversen außermusikalischen Medien gehört wird.

In **Baustein 2** geht es um Programmmusik, die durch Werke der bildenden Kunst inspiriert ist. Mit Musik von Michel Brusselmans, Modest Mussorgsky und den Beatles nach Bildern mit fantasievollen Markt- und Festszenen geraten die Schüler in das Spannungsfeld zwischen räumlich orientierter Kunst und zeitlich verlaufender Musik.

Zentraler Aspekt in **Baustein 3**, der Programmmusik nach Literatur zum Inhalt hat, ist das kompositorische Herausstellen bestimmter Erzählmomente. Anhand der sinfonischen Dichtungen *Der Zauberlehrling* und *Die Seejungfrau* erkennen, spielen und bearbeiten die Schüler musikalische Leitmotive nach verschiedenen kompositorischen Konzepten.

In **Baustein 4** wird Programmmusik betrachtet, die durch autobiografische Ereignisse inspiriert ist. Heimatliche Naturerlebnisse prägen das Repertoire aus diesem Bereich, häufig umgesetzt mithilfe von musikalisch abbildenden Elementen. So ist denn dieser Baustein auch der Ort, an dem die Schüler das Thema Tonmalerei erschließen.

Baustein 5 beschäftigt sich mit der Funktion von Programmen und programmatischen Überschriften. Dass hierin einst ein wesentlicher Streitpunkt gelegen hat, wird durch ein Rollenspiel mit Robert Schumann und seinen Zeitgenossen deutlich. Die Frage, ob Zusatzinformationen eine Gängelung des Musikhörenden bedeuten, stellt sich auch den Schülerinnen und Schülern von heute.

Im **Anhang** befinden sich zwei Werkzeuge zum unterrichtspraktischen Gebrauch: Die Definition von Programmmusik nebst einer Überprüfung verschiedener Grenzfälle; abschließend eine Liste zur Tonmalerei, in der beliebte Mittel der kompositorischen Abbildung samt Einzelnachweisen aus der Musikgeschichte zusammengetragen wurden.

Baustein 1

Absolute Musik – Musik ganz ohne Programm?

Absolute Musik wird vielerorts als Gegenbegriff zu Programmmusik verwendet. Das ist im Hinblick auf außermusikalische Bezüge auch richtig, und insofern dient der erste Baustein einer plausiblen Abgrenzung der Programmmusik nach außen. Da sich mit absoluter Musik aber auch gesellschaftliche Aspekte verbinden, die quer zu dieser Trennlinie stehen, ist es wichtig, die Idee der absoluten Musik mit ihrem hohen Anspruch an die Konzerthörer auch aus sich heraus zu verstehen und an einem Beispiel – hier einem Streichquartett von Joseph Haydn – nachzuvollziehen. Ein Einblick in den Schaffensprozess absoluter Musik bei Peter Tschaikowsky zeigt ferner, welch breites Spektrum an Gemütsbewegungen das Komponieren von formal sehr durchstrukturierter Instrumentalmusik mit sich bringen kann.
Der Baustein ist mit mehreren der nachfolgenden (u. a. zu außermusikalischen Inspirationen und Programmtexten) verknüpft, wenn erstens versucht wird, typisch absolute Musik unter Hinzufügung von Titeln, Texten und Bildmedien als Programmmusik zu rezipieren und zweitens scheinbar untypische Musikbeispiele aus verschiedensten Zeiten und Stilrichtungen als absolute Musik zu hören. Somit geht es hier auch um das Überprüfen, ob die Idee der absoluten Musik als historische Erscheinung abgelegt werden kann oder in der Rezeption gegenwärtiger – insbesondere auch populärer Musik – noch lebendig ist.
Auf der Basis einer fundierten Beschäftigung mit absoluter Musik möge letztlich jeder Schüler zu seinem eigenen Schluss kommen, ob Musik ohne außermusikalische Bezüge überhaupt möglich ist.

Ziele

- Die Schülerinnen und Schüler kennen Kriterien für absolute Musik, können diese auf ein breites Repertoire von E- und U-Musik anwenden.
- Sie begreifen Unterschiede zwischen absoluter Musik und Programmmusik.
- Sie können den auf Motiv und Form konzentrierten historischen Zugang zur Musik handlungsorientiert nachvollziehen und kritisch bewerten.
- Sie reflektieren ihre individuellen Assoziationen beim Hören von absoluter Musik.

1.1 Programmmusik und absolute Musik

Programmmusik ist selbstständige Instrumentalmusik mit einem ausdrücklich benannten außermusikalischen Bezug, etwa zu einem Gemälde, einem Gedicht oder einem vom Komponisten erlebten Naturereignis. In Werktiteln wie beispielsweise „Till Eulenspiegels lustige Streiche" (Richard Strauss) oder in beigefügten Programmtexten liegen somit Ansagen, die das Hörerlebnis in eine bestimmte Richtung lenken. Musik und Wort stehen in einem engen Abhängigkeitsverhältnis.

Absolute Musik grenzt sich in dieser Hinsicht von Programmmusik ab: Als „losgelöste" Musik soll sie unabhängig von allem Außermusikalischen sein. Sie hat keine Titel oder zugehörigen Texte, welche die Fantasie anregen und beeinflussen. Tatsächlich aber ist absolute

Musik noch weitaus mehr als nur das Gegenteil von Programmmusik. Um das verständlich zu machen, muss der geschichtliche Hintergrund berücksichtigt werden, vor dem die Idee der absoluten Musik entstanden ist. Denn mit ihr verbindet sich ein tiefgreifender Wandel dessen, was man überhaupt unter Musik verstanden hat.

Geschichtlicher Hintergrund: Musik nimmt eine neue Rolle ein.

Bis Ende des 18. Jahrhunderts	Ab dem Ende des 18. Jahrhunderts
• Musik ist häufig **Dekoration**. An **Höfen** wird sie zu Mahlzeiten und Festen gespielt und sie erklingt zum Empfang besonderer Persönlichkeiten. Mit eigens in Auftrag gegebenen Opern schmücken sich Könige und Fürsten. • Musik steht in einem **Dienstverhältnis**. Sie dient kirchlichen und weltlichen Zeremonien. Nicht der Musik gilt die Aufmerksamkeit, sondern ihrem **Zweck**: dem Gottesdienst, dem Tanz, den vertonten Theaterszenen und dem Ruhm auftretender Persönlichkeiten.	• **Musik** übernimmt die **Hauptrolle**. Konzerte, wie sie sich in der zweiten Hälfte des 18. Jahrhunderts verbreiten, sind keine Privatveranstaltungen der Adligen mehr, sondern sie sind öffentlich. Das interessierte **Bürgertum** bezahlt Eintritt, um Musik zu hören. • Der Hörer ist für die Musik da. Es entsteht ein **öffentlicher Konzertbetrieb** und eine Kultur der Musikkritik in Fachzeitschriften. Autoren wie Robert Schumann sehen im Zusammenhang mit der Orchester- und Kammermusik des frühen 19. Jahrhunderts einen Rollenwechsel: Musik stehe nicht mehr im Dienst ihrer Hörer, sondern sie löse sich aus dieser Rolle (vgl. „absolut"). So seien es nun die Menschen, die in der Pflicht sind: indem sie hochwertige **Musik** produzieren und **verstehen** müssten. Dieser Anspruch wird ebenso für die anderen Künste und auch die Wissenschaften erhoben.

Ein kurzer Lehrervortrag zum Inhalt der linken Tabellenspalte, aus dem die Schlüsselwörter „Hof", „Dekoration", „Dienstverhältnis" und „Zweck" an der Tafel festgehalten werden können, leitet die folgende Höraufgabe ein. Sie bezieht sich auf eine Reiterfanfare von Jan Dismas Zelenka (1679–1745).

Hörbeispiel 1: Jan Dismas Zelenka: Drei Fanfaren, Dauer: 0:30

- *Zeichnet passend zur Musik eine Skizze von einem gesellschaftlichen Ereignis, das vor 400 Jahren stattgefunden haben könnte.*
- *Benennt die musikalischen Merkmale, die euch zu dieser Assoziation veranlasst haben.*

Die Merkmale

- der Instrumentierung (Pauke und vier Trompeten),
- der Dreiklangsmelodik,
- des Metrums (4/4-Takt mit starken Betonungen von Taktbeginn und Taktmitte) und
- des Rhythmus (fanfarenartig „schmetternde" Abfolge von Viertelnoten und eingeschobenen unbetonten Achtelnoten)

legen hier Assoziationen in Richtung einer repräsentativen Szene nahe, etwa eines königlichen Auftritts oder einer militärischen Parade. Bei der anzufertigenden Skizze geht es vor allem um die Darstellung der Protagonisten eines solchen gesellschaftlichen Ereignisses und dessen räumliche Dimension. Künstlerische Aspekte wie Perspektiven, Körperproportionen oder naturgetreue Darstellung von Musikinstrumenten sind in dieser Übung von untergeordneter Bedeutung.

Jan Dismas Zelenka, *Reiterfanfare* ZWV 212, Nr. 1, Beginn

Ein kurzer Lehrervortrag zum Inhalt der rechten Tabellenspalte (vgl. S. 9), aus dem die Schlüsselwörter „Bürgertum", „öffentlicher Konzertbetrieb", „Musik in der Hauptrolle" und „Musik verstehen" an der Tafel festgehalten werden können, bereitet die folgenden Aufgaben vor:

- *Nennt Beispiele für Musikrichtungen und konkrete Stücke, welche eher der einen bzw. der anderen Rolle entsprechen.*
- *Diskutiert, inwiefern eure eigene Musik beim Hören eine Nebenrolle (Dekoration) oder die Hauptrolle hat.*

Schüler kennen Zeremonien begleitende und dekorative Musik, unter anderem aus Sport- und anderen Großveranstaltungen, in Form von Jingles aus den Medien, von Volksfesten und aus der Kirche. Seltener werden sie sich über den Musikunterricht hinaus als aktiver Hörer der Musik gewidmet haben, wie in öffentlichen Konzerten und Schulkonzerten.
Der private Musikkonsum dürfte Anlass zur Diskussion geben, da Schüler viel Musik hören, dabei jedoch häufig anderen Beschäftigungen nachgehen, welche die Musik wiederum in eine Nebenrolle verweisen.

Um 1850 betrachteten Musikkritiker wie Eduard Hanslick (1825–1904) manche Werke als „reine, absolute" Musik. Dies war eine sehr positive Bewertung, die aber nur galt, wenn die auf dem Arbeitsblatt 1 (S. 17) genannten Kriterien A–F erfüllt waren.

Der eigentliche Schöpfer des Begriffs „absolute Musik" war Richard Wagner (1813–1883). Als Opernkomponist, der neue Formen der Einheit von Text und Musik entwickelt hatte, gebrauchte er den Begriff jedoch abwertend: für Musik, die sich von ihren natürlichen Wurzeln (Tanz und Sprache) losgerissen habe.

Es muss betont werden, dass es sich bei absoluter Musik um eine Idee handelt, mit der ein bestimmter Kreis von Musikschriftstellern auf gesellschaftliche Veränderungen und Kompositionen ihrer Zeit reagiert haben. In der musikalischen Wirklichkeit zeigt sich – damals wie heute –, dass die meisten Musiken Zwischenformen im Spektrum zwischen „absoluter" und „Programmmusik" sind.

Auf **Arbeitsblatt 1, S. 17**, sind zentrale Kriterien für absolute Musik genannt. Bei vier Hörbeispielen ist die Erfüllung dieser Kriterien zu überprüfen.

Hörbeispiele 2–5:	Johann Buxtehude: Herr ich lasse dich nicht, Dauer: 0:56 Antônio Carlos Jobim: The Girl from Ipanema, Dauer: 0:28 Arnold Schönberg: Suite für Klavier op. 25, Präludium, Dauer: 0:47 Ukrainischer Kosakenmarsch, Dauer: 0:29

■ *Überprüft, ob es sich bei den folgenden vier Musikbeispielen um „absolute Musik" handelt.*

	Musikbeispiele	Erfüllte Kriterien					
		A	B	C	D	E	F
1.	Instrumentale Einleitung zur Kantate *Herr ich lasse dich nicht* von Johann Buxtehude			X	X		X
		Fazit: keine absolute Musik					
2.	*The Girl from Ipanema*, Klavier solo	X					
		Fazit: keine absolute Musik					
3.	Arnold Schönberg, *Suite für Klavier op. 25*, komponiert nach dem Prinzip der Zwölftontechnik	X	X	X	X	X	X
		Fazit: absolute Musik					
4.	*Ukrainischer Kosakenmarsch*			X	X	X	X
		Fazit: keine absolute Musik					

1.2 Absolute Musik hören: Joseph Haydns Streichquartett Nr. 76,1 in G-Dur (1796)

Nach den Vorstellungen mancher Musikkritiker des 19. Jahrhunderts ist „reine, absolute Musik" zu ihrem Selbstzweck bestimmt. Daran knüpft sich eine für moderne Zugänge zur Musik schwer vorstellbare Annahme: nämlich, dass ein Erfassen von Musik auf alles „Drumherum" verzichten kann und allein durch die Analyse ihrer Machart als möglich gedacht worden ist. Auf die Konzertsituation bezogen, würde das durchaus anspruchsvolle Hörprozesse voraussetzen, die auf musikalische Form, Satztechnik und andere kompositorische Gestaltungsmittel gerichtet sind. Offen bleibt die Frage, ob ein solches Hören von den damaligen Zeitgenossen überhaupt leistbar war.

Als Anschauungsmodelle für die Idee der absoluten Musik galten vor allem Sinfonien und Streichquartette. Erstere standen seit 1800 zunehmend auf den Programmen öffentlicher Konzerte. Letztere haben sich in dieser Zeit erst allmählich aus dem Rahmen laienhafter Darbietungen gelöst und mit gehobenem Schwierigkeitsgrad Eingang in den professionellen Konzertbetrieb gefunden.
Joseph Haydns (1732–1809) *Streichquartett op. 76* ist 1796 entstanden und zeugt von diesem Übergang. Denn der Widmungsträger Graf Joseph Erdödy erwarb für 100 Dukaten die Rechte zum befristeten alleinigen Gebrauch, bevor das Stück dann in die öffentlichen Konzertprogramme übernommen wurde.

Der Schlusssatz aus dem *Quartett op. 76 Nr. 1* in G-Dur soll hier Übungsbeispiel für eine Rezeption sein, die von Außermusikalischem wie Szene, Wort und feierlichem Rahmen absieht und sich ausschließlich auf die Komposition konzentriert. Die wichtigsten Parameter, an denen die historische Musikkritik die Qualität von Musik ermessen hatte, waren Motiv- bzw. Themenentwicklung, Satztechnik und Gesamtform. Für den vorliegenden Baustein reicht es aus, exemplarisch auf die Entwicklung des melodisch-rhythmischen Anfangsmotivs einzugehen.

Hörbeispiel 6:	Joseph Haydn: Quartett op. 76,1 Finale, Dauer: 4:22

Joseph Haydn, *Streichquartett op. 76,1 in G-Dur, Finale. Allegro ma non troppo*-Motiv und motivische Entwicklung (vgl. Arbeitsblatt 2, S. 18)

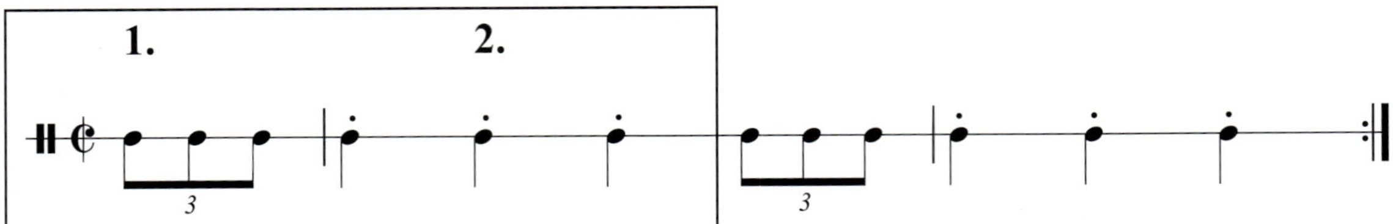

Rhythmisches Motiv

Als Vorübung wird das 6-tönige rhythmische Motiv aus Haydns Streichquartett
- auf einem Schlaginstrument nachgespielt oder auf dem Tisch geklopft;
- als Kanon geklopft: zunächst in zwei Stimmen (siehe Einsatz-Ziffern), dann vierstimmig, wobei auf jedem Viertelschlag eine Stimme einsetzt.

1. *Sucht das rhythmische Motiv in der Streichquartett-Partitur bis zum ersten Doppelstrich und notiert alle Nummern der Takte, in denen es vorkommt.*

Hinzuweisen ist darauf, dass die erste Hälfte des Motivs ein Auftakt ist; es zählt also immer nur die Nummer des Taktes, in dem sich die Motivtöne 4 bis 6 befinden.

Lösung:

1	2	7	8	13	14	15	25	26	27	28	29	39	70

Motiv-Tabelle zum Streichquartett in g-Moll op. 76,1 von Joseph Haydn

	Noten Motiv	Was verändert sich?
Anfangs-motiv		
Variante A		Umkehrung sämtlicher Bewegungsrichtungen; Veränderung der Intervalle (z. B. Sexte von h' nach g''); G-Dur
Variante B		Bei gleichbleibendem Spitzenton b' ändert sich die Tonart nach B-Dur
weitere Varianten		Der letzte Motivton steigt chromatisch an: g-Moll → Es-Dur → verminderter Dreiklang über e'

2. *Lasst euch jedes der Motive aus der Tabelle einzeln von eurem Lehrer vorspielen.*

3. *Beschreibt die jeweilige Veränderung gegenüber dem Originalmotiv des Anfangs (beispielsweise in Bezug auf die Bewegungsrichtungen und Intervalle).*

4. *Stellt Vermutungen an, in welcher Reihenfolge Variante A, B und die weiteren Varianten im Stück vorkommen könnten, sodass eine „Entwicklung" des Motivs für euch überzeugend wäre.*

Die zentralen Veränderungen sind aus Tabellenspalte 3 zu entnehmen. Im Original geht die Reihenfolge vom „Anfangsmotiv" aus und führt über die „weiteren Varianten" und Variante B hin zu Variante A. Letztere weist die meisten Veränderungen auf und es könnte daher auch von den Schülern vermutet werden, dass sie erst zu einem späteren Zeitpunkt erscheint.

5. *Improvisiert am Instrument, indem ihr a) die ersten drei Töne und b) die letzten drei Töne des Anfangsmotivs beliebig verändert. Notiert am Ende eine Version, die euch gut gefällt. Der Originalrhythmus soll dabei beibehalten werden.*

Aufgabe 5 soll vom Erkennen des Motivs in einen eigenständigen kreativen Prozess der Motivbearbeitung überleiten. Wichtig ist, dass die Abweichungen zu Haydns Original zuerst hörend, das heißt am Instrument, entstehen und erst anschließend notiert werden.

Resümee: Haydns Streichquartett heute – „absolut" oder nicht?

Nach der Idee der absoluten Musik genügt diese sich selbst; der Hörer ist mit der „Schönheit" der musikalischen Struktur beschäftigt. Inwieweit diese Idee im frühen 19. Jahrhundert auch der Wirklichkeit entsprach, bleibt Spekulation. Was sich jedoch näher betrachten lässt, sind die realen Hörweisen der Gegenwart. Denn selbstverständlich sind die Schüler in ihrem Hören frei, was außermusikalische Bezüge angeht.

- *Wie habt ihr die Musik jenseits der Aufgaben zur Motiventwicklung gehört?*

Die Frage zielt nicht auf Wertungen (wie „genießend", „angestrengt", „gelangweilt"), sondern auf die Hör-*Weise*. Gezielter könnte so gefragt werden:

- *Hattet ihr Assoziationen, beispielsweise*
  – durch Musik angeregte Bilder?
  – durch Musik angeregte Erinnerungen?
  – wo/wie diese Musik aufgeführt werden könnte?

Im Folgenden sollen verschiedene Arten der Rezeption ausprobiert werden, die gleichberechtigt neben einem auf musikalische Strukturen ausgerichteten Hören stehen. Zentral für die Reflexion sind die Aspekte

- der Wirkung des Stücks mit und ohne hinzugezogenes Medium,
- der Eignung des Stücks für die Kombination mit dem hinzugezogenen Medium,
- der Gewichtung von Musik und hinzugezogenem Medium. Was wird als Hauptsache wahrgenommen, was wird zum Dienstleister bzw. Ornament?

Fazit: Ist das gewählte Streichquartett von Haydn aus Sicht der Schüler Musik, die für sich stehen kann, oder wird die Rezeption ohne Zuhilfenahme anderer Medien letztlich als „unvollständig" empfunden? Hier einige Möglichkeiten der Erprobung externer Medien.

Medium	Mögliches Vorgehen
Diashow	Entweder ohne Vorgaben oder in Anlehnung an die oben genannten Assoziationen werden zehn Bilder mithilfe eines Diashow-Programms an eine Leinwand gebeamt, wobei der Beginn des Streichquartettsatzes zu hören ist. (Exposition = ca. 1.30 Min.)
Filmszene	Aus einem Video-Internetportal werden entweder ohne Vorgaben oder in Anlehnung an die oben genannten Assoziationen Filmszenen bei stummgeschalteter Tonspur angesehen und der Beginn des Streichquartettsatzes als Filmmusik dazugespielt.
Programmatischer Titel	Bevor die Schüler das Stück abermals hören, wird ein inhaltlich stark eingrenzender Werktitel der folgenden Art angegeben: • Pauletta im dunklen Marionettenwald • Die Flucht der drei Musketiere • Der Hahnenkampf
Programmtext	Bevor die Schüler das Stück abermals hören, wird ein vermeintlich vom Komponisten stammender Programmtext bzw. ein Gedicht gelesen, das die Musik angeblich inspirierte (vgl. Baustein 3). Beispiel: Friedrich von Matthisson (1761–1831) *Mit stürzender Schnelle* *Verrauschen die Jahre,* *Und eh wir's noch wähnen* *Ist alles vollbracht.* *Ach! Hier ist kein Bleiben!* *Kein Haben, kein Halten,* *Kein dauernd Umfangen,* *Nur Täuschung und Schmerz!* (Aus: Franz Negle (Hg.), Der bayerische Volksfreund, München 1824, S. 220)

Die Verknüpfung mit den genannten außermusikalischen Medien wird zu der Erkenntnis führen, dass ein Werk wie das Streichquartett von Haydn sowohl selbstständig als auch in einem medialen Kontext erlebt werden kann. Erfahrungsgemäß ist jede der vorgeschlagenen Möglichkeiten mit Schülern umsetzbar.

1.3 Der Schaffensprozess absoluter Musik: Peter Tschaikowsky (Arbeitsblatt 3, S. 22)

Das Hören von Musik als absolute Musik verbindet sich mit dem Erkennen und Bewerten von musikalischen Strukturen (Motivik, Form etc.). Zumindest mit Hörern von heute kann überprüft werden, ob sich vermeintlich „absolute" Musik denn tatsächlich von allem Außermusikalischen hermetisch abgrenzen lässt. Gelingt dies nicht, erscheint die Situation auf den ersten Blick paradox: ein mit kühlem Kopf konstruierender Komponist auf der einen Seite – ein emotionaler Hörer, der das entstandene Werk gänzlich anders erfasst als über die nüchterne Form, auf der anderen Seite. Aber kann nicht bereits das planmäßige Konstruieren einer musikalischen Form durch den Komponisten ein hoch emotionaler Vorgang sein? Ein Brief von Peter Tschaikowsky (1840–1893) gewährt einen Blick in den Schaffensprozess seiner IV. Sinfonie – eines Instrumentalwerkes ohne Programmatik (siehe **Arbeitsblatt 3, S. 22**).

Hörbeispiel 7: Peter Tschaikowsky: Sinfonie Nr. 4, I. Satz, D-Dur, Dauer: 3:51

1. *Hört die Musik zunächst als „absolute Musik", indem ihr auf ihren Aufbau (die Anzahl der Abschnitte) achtet.*

Die analytische Hörweise (vier Abschnitte hat das Hörbeispiel, davon ein einleitender und drei thematische) soll zunächst den Fokus auf nüchterne Strukturen lenken, sodass ein scheinbarer Widerspruch zur emotionalen Schaffensweise entsteht, die Tschaikowsky selbst beschreibt. Dieser wird im Unterrichtsgespräch thematisiert.

2. *Differenziert, welche Textstellen auf absolute Musik schließen lassen und was sich hingegen als Bezug zu Außermusikalischem deuten lässt.*

Der Brief ist mit Beschreibungen der inneren Welt des Komponisten gefüllt, obgleich Tschaikowsky von einer Musik ohne „Vorwurf" (= Programm) spricht, also von absoluter Musik. Schon die bildreiche Sprache, mit der die Empfindungen umschrieben werden, kann als autobiografisch motiviertes Programm interpretiert werden (siehe Baustein 4).

3. *Setzt den Briefwechsel in Kleingruppenarbeit zu viert fort. Paar 1 ist die wohlhabende Gönnerin N. F. von Meck und stellt Nachfragen. Paar 2 ist Peter Tschaikowsky, der Frau von Meck in seiner Widmung als „meine beste Freundin" bezeichnet hatte und gerne Antworten gibt.*

4. *Diskutiert die These, dass Musik wie die 4. Sinfonie andere Ausdrucksmittel besitzt als Sprache.*

In die Diskussion sollten persönliche Erfahrungen der Schüler mit einfließen dürfen, bei denen Musik in anderer Qualität Einfluss auf die Entstehung von Emotionen gehabt hat als Sprache. Ob dieser Unterschied als „unvergleichlich gewaltiger" empfunden wird wie von Tschaikowsky, mag offenbleiben.

1.4 Populäre Stilrichtungen des 20./21. Jahrhunderts als absolute Musik (Arbeitsblatt 4, S. 23)

Im 20. Jahrhundert wurde vermehrt Kritik an der Idee der absoluten Musik laut. Nicht nur der Komponist Hanns Eisler (1898–1962), nach dessen marxistischer Auffassung die absolute Musik genauso unzeitgemäß geworden war wie ihr bürgerliches Umfeld, sah sie als Hervorbringung eines lebensfernen und selbstzweckhaften, elitären Konzertbetriebs.

> „Die Konzertmusik und ihre gesellschaftliche Form, das Konzert, ist eine historische Epoche der Musikentwicklung. Ihre spezifische Ausbildung ist verknüpft mit dem Entstehen der modernen bürgerlichen Gesellschaft. Die Vorherrschaft der Musik ohne Worte, auch vulgär „absolute Musik" genannt, die Trennung zwischen Musik und Arbeit, zwischen schwerer und leichter Musik, zwischen Professionals und Dilettanten, sind typisch für die Musik im Kapitalismus." Hanns Eisler (1934)
>
> (Aus: Hanns Eisler: Geschichte der deutschen Arbeitermusikbewegung von 1848. Flugblatt aus Anlass des Gastspiels von Wilhelm Furtwängler in der Pariser Oper 1934, in: ders.: Gesammelte Werke. Band 1: Musik und Politik. Schriften 1924–1948, Leipzig: Deutscher Verlag für Musik 1973)

Die Musikgeschichte des 20. Jahrhunderts ist mit einer vielfältigen Funktionalisierung von Kunstmusik verbunden: Während sich alte Formen (Ballett, Gottesdienst, politische Nutzung) weiterentwickelt haben, kamen Filmmusik und andere mediale Anbindungen hinzu, sodass große Konzertmusik letztlich zwar ihre Bedeutung erhalten hat, sich aber neben funktionalen Formen in einer breiten Palette von Sparten diverser Hörerinteressen und Verwendungszwecke wiederfinden musste.
Auch weite Bereiche der populären Musik stehen – streng genommen – aufgrund ihrer Funktionalisierung der absoluten Musik fern. Zudem ist populäre Musik überwiegend Vokalmusik. Gleichwohl mögen im Folgenden einige ausgewählte Beispiele mit Aspekten der absoluten Musik in Verbindung gebracht werden, und zwar nicht in Bezug auf die Eigenschaften der Stücke (vgl. Arbeitsblatt 1, S. 17), sondern auf das individuelle Hörverhalten, das den Stellenwert außermusikalischer Anteile überhaupt erst bestimmt.

- *Welche grundlegenden Voraussetzungen müssen populäre Musikbeispiele erfüllen, wenn sie auf den Prüfstein absoluter Musik gestellt werden sollen?*

Populäre Musik kann nur dann als absolute Musik in Betracht kommen, ...

1. ... wenn es sich entweder um Instrumentalstücke handelt oder die Stimme nur textfrei einbezogen wird.
2. ... wenn sie keinen programmatischen Titel hat.
3. ... wenn sie nicht die Funktion einer Tanzmusik hat.

Teil 1 des **Arbeitsblattes 4, S. 23**, porträtiert eigene Rezeptionsmuster im Hinblick auf den Text von populärer Musik. Jedes „Ja" bezeugt einen Aspekt bewussten Umgangs mit den Songtexten.

Hörbeispiel 8–11:	Dutch Rhythm Combo: Tune, Dauer: 0:30 Magnum: Composition Seven, Dauer: 0:30 Reformed Faction: 3. Stueck, Dauer: 0:28 Flako: Humming, Dauer: 0:31

Teil 2 setzt die vier ausgewählten Musikbeispiele in Beziehung zu den historischen Ansprüchen an absolute Musik. Es dürfte sich zeigen, dass populäre Musik nur selten mit einem Fokus auf musikalische Strukturen gehört wird. Die innere Ablehnung ungeliebter Stile trägt hierzu bei. Jedes „Ja" in diesem Teil verweist jedoch auf ein Musikverständnis, das zumindest punktuell der Idee absoluter Musik nahesteht.

Die als Aufgabe formulierte abschließende Diskussion über die Passgenauigkeit von Hörbeispielen zu ihren Musiksparten wird erfahrungsgemäß sehr emotional geführt. Zu einem differenzierten Gespräch führt hier eine Unterscheidung der Begründungen, die aus den Bereichen Image und Vermarktung stammen, von denen der musikalischen Machart selbst.

Fünf Musikstücke aus dem Blickwinkel der historischen Musikkritik: Ist dies „absolute Musik"?

Nach Auffassung des einflussreichen Wiener Musikkritikers Eduard Hanslick musste absolute Musik …

	Kriterium	Erläuterung	
A	– unabhängig von gesellschaftlichen Funktionen sein	Typische gesellschaftliche Funktionen von Musik waren Gottesdienst, Festessen, Tanz, Repräsentation/Prunk, Militär, Trauerfeier.	Dieses Kriterium kann auch für manche Programmmusik zutreffen.
B	– frei von Betitelungen oder beigefügten Texten sein, die sich auf außermusikalische Dinge beziehen	Im Idealfall trägt absolute Musik traditionelle Namen wie, „Sinfonie", „Quartett" oder „Sonate", womit lediglich Besetzung und Form der Musik bezeichnet werden.	Hierin unterscheiden sich absolute Musik und Programmmusik.
C	– Instrumentalmusik sein	Die Aufwertung des Instrumentalen bedeutet einen Bruch mit dem jahrtausendealten Vorrang der Vokalmusik. Seit der Antike hatte die Auffassung gegolten, dass Sprache (*Logos*) zum Wesen von Musik gehört.	
D	– auf das musikalische Erzählen von Handlungen verzichten	Gemeint ist das gezielte Abbilden von Situationen und Geschehnissen etwa durch Temposchwankungen oder dramatisch klingende Akkordwendungen.	
E	– auf das musikalische Charakterisieren von Personen und Dingen verzichten	Beispielsweise werden schwelgende Geigen gerne eingesetzt, um verliebte Menschen oder schöne Landschaften musikalisch auszudrücken.	
F	– frei von sogenannter Tonmalerei sein	Unter Tonmalerei versteht man zum Beispiel die Nachahmung von Vogelgesang durch Flötentriller oder die von Kanonendonner durch Paukenschläge.	

(zusammengefasst nach: C. Dahlhaus, Das Musikleben im 19. Jahrhundert, in: Funkkolleg Musikgeschichte, hg. vom Deutschen Institut für Fernstudien an der Universität Tübingen, S. 27)

■ *Überprüft, ob es sich bei den folgenden vier Musikbeispielen um „absolute Musik" handelt.*

	Musikbeispiele	Erfüllte Kriterien					
		A	B	C	D	E	F
1.	Instrumentale Einleitung zur Kantate *Herr ich lasse dich nicht* von Johann Buxtehude						
		Fazit:					
2.	*The Girl from Ipanema*, Klavier solo						
		Fazit:					
3.	Arnold Schönberg, *Suite für Klavier op. 25* (komponiert nach dem Prinzip der Zwölftontechnik)						
		Fazit:					
4.	*Ukrainischer Kosakenmarsch*						
		Fazit:					

Joseph Haydn, Streichquartett op. 76,1 in G-Dur, *Finale. Allegro ma non troppo*-Motiv und motivische Entwicklung

1. *Sucht das rhythmische Motiv in der Streichquartett-Partitur bis zum ersten Doppelstrich und notiert alle Nummern der Takte, in denen es vorkommt.*

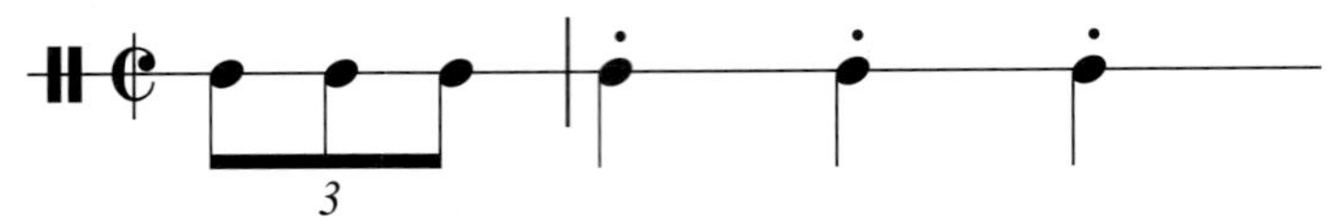

1	*2*																		

Motiv-Tabelle zum Streichquartett in g-Moll op. 76,1 von Joseph Haydn			
	Noten Motiv	Was verändert sich?	Vermutete Reihenfolge
Anfangs-motiv			*1*
Variante A			
Variante B			
weitere Varianten			

2. *Lasst euch jedes der Motive aus der Tabelle einzeln von eurem Lehrer vorspielen.*

3. *Beschreibt die jeweilige Veränderung gegenüber dem Originalmotiv des Anfangs (beispielsweise in Bezug auf die Bewegungsrichtungen und Intervalle).*

4. *Stellt Vermutungen an, in welcher Reihenfolge Variante A, B und die weiteren Varianten im Stück vorkommen könnten, sodass eine „Entwicklung" des Motivs für euch überzeugend wäre.*

5. *Improvisiert am Instrument, indem ihr a) die ersten drei Töne und b) die letzten drei Töne des Anfangsmotivs beliebig verändert. Notiert am Ende eine Version, die euch gut gefällt. Der Originalrhythmus soll dabei beibehalten werden.*

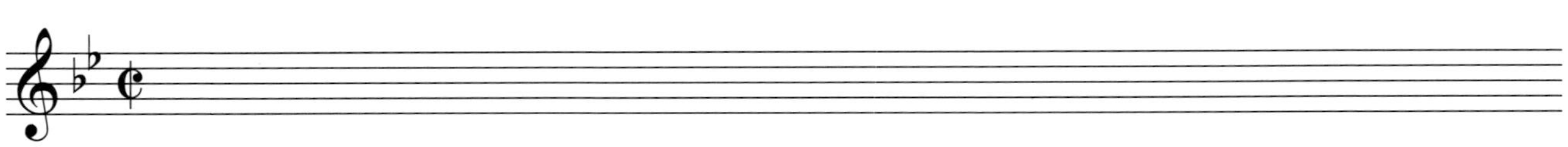

Partitur: Joseph Haydn, Streichquartett op. 76 Nummer 1 in G-Dur.
IV. Satz: *Finale. Allegro ma non troppo* (Takte 1–84 und 180–200)

AB 2

BS 1

66
73
81
179
Coda
pizz.
182
cresc.
arco
188
195

Der Schaffensprozess absoluter Musik: Peter Tschaikowsky (1840–1893)

Ein Brief von Peter Tschaikowsky gewährt einen Blick in den Schaffensprozess seiner 4. Sinfonie. Sie ist ein Instrumentalwerk ohne Programm.

„Wie soll man in Worten jene unbestimmten Empfindungen wiedergeben, die einen bei der Niederschrift eines Instrumentalwerkes durchfluten, das an sich keinen bestimmten Vorwurf[1] hat? Es ist ein rein lyrischer Vorgang. Eine musikalische Seelenbeichte, das Bekenntnis einer Seele, die, zum Bersten gefüllt vom Niederschlag des Lebens, infolge ihrer besonderen Wesenheit sich in Töne ergießt – ganz so wie der lyrische Dichter sich in Versen verströmt. Der Unterschied ist nur der, dass die Musik unvergleichlich gewaltigere Ausdrucksmittel und eine viel feinere Sprache besitzt, um Tausend verschiedene Gemütsbewegungen auszudrücken."

(Aus einem Brief von Peter Tschaikowsky an seine Gönnerin Nadeschda Filaretowna von Meck 17.2./1.3.1878 nach Vollendung seiner IV. Sinfonie 1877, die ihr gewidmet war; zitiert nach: Hugo Wolfram Schmidt und Aloys Weber (Hg.), Die Garbe, Köln-Opladen 1953, S. 573)

1 (hier) außermusikalischer Inhalt, Programm

P. Tschaikowsky

N. F. von Meck

1. *Hört die Musik zunächst als „absolute Musik", indem ihr auf ihren Aufbau (die Anzahl der Abschnitte) achtet.*
2. *Differenziert, welche Textstellen auf absolute Musik schließen lassen und was sich hingegen als Bezug zu Außermusikalischem deuten lässt.*
3. *Setzt den Briefwechsel in Kleingruppenarbeit zu viert fort. Paar 1 ist die wohlhabende Gönnerin N. F. von Meck und stellt Nachfragen. Paar 2 ist Peter Tschaikowsky, der Frau von Meck in seiner Widmung als „meine beste Freundin" bezeichnet hatte und gerne Antworten gibt.*
4. *Diskutiert die These, dass Musik wie die 4. Sinfonie andere Ausdrucksmittel besitzt als Sprache.*

Populäre Stilrichtungen des 20./21. Jahrhunderts als absolute Musik

1. Eure eigene Musik als „absolute Musik": die Rolle des Textes	JA	NEIN
Hört ihr Musik ausschließlich deshalb, weil ihr den Text interessant findet?		
Wenn nein: Schreibt zwei Titel auf, bei denen euch die Musik sehr viel mehr interessiert als der Text. ______ ______ ______		
Achtet ihr auf englische Texte?		
Übersetzt ihr englische Texte für euch ins Deutsche?		
In Video-Internetdatenbanken gibt es mittlerweile Zusammenstellungen von amüsanten sogenannten Songverhörern, wie etwa „Agathe Bauer" anstelle von „I've got the Power" (SNAP, *The Power* 1990). Bemerkt und überprüft ihr selbstständig solche von euch missverstandenen, ganz offensichtlich sinnlosen Textstellen?		

2. Vier Musikbeispiele aus Pop & Rock: aus eurer Sicht „absolute Musik"?		Dutch Rhythm Combo: *Tune* (2008)	Magnum: *Composition Seven* (1974)	Reformed Faction: *3. Stueck* (2012)	Flako: *Humming* (2011)
	Track	08	09	10	11
	Sparte	Reggae	Rhythm & Blues	Electronic	Hip-Hop
Passt der Anspruch an absolute Musik, wie er aus den Kriterien auf AB 1 deutlich wird, zu diesem Beispiel?	JA				
	NEIN				
Könnt ihr euch dauerhaft auf die Musik konzentrieren?	JA				
	NEIN				
Führt mit eurem Nachbarn ein Gespräch darüber, wie diese Musik gemacht ist. Gelingt euch dies?	JA				
	NEIN				
Möchtet ihr das Hören dieser Musik durch weitere Informationen (z. B. aus dem Internet) bereichern?	JA				
	NEIN				

Überprüft genauer, ob euch das Hören der musikalischen Machart hier gelingt:

Beschreibt, welchem der folgenden Aspekte ihr eure Aufmerksamkeit widmen könnt:
a) der Eingängigkeit der Melodien,
b) den Formteilen (z. B. Ende der Einleitung und Beginn des Hauptteils),
c) der Instrumentierung,
d) den geräuschhaften Ereignissen.

Diskutiert darüber, ob/inwiefern die Musikbeispiele den angegebenen Musiksparten (Stilen, Richtungen) entsprechen.

Baustein 2

Was heißt außermusikalisch? Kunst als Quelle für Programme

Die Verbindung von visuellen Eindrücken und musikalischen Ideen ist vermutlich so alt wie die Musik selbst. Aber erst im 19. Jahrhundert wurde das Komponieren nach Malerei, also nach Bildern, die selbst schon Medien waren, kultiviert. Dieser Umstand ist für die Interpretation der entstandenen Programmmusik eine Herausforderung, geht die Inspiration eines Bildes doch immer anteilig auch von dem aus, was hinter dem Medium steht: die dargestellte Schlacht, die Naturkulisse, die religiösen Rituale etc. Der Maler fasst diese Eindrücke und ggf. seine daraus abgeleitete Botschaft in eine Momentaufnahme und der Komponist gestaltet hieraus ein Musikstück.

Zwei Aspekte sind an Programmmusik interessant, deren außermusikalischer Bezug in der bildenden Kunst liegt: Erstens sind Komponisten frei, ihren eigenen Bildausschnitt zu wählen, der nicht mit dem Rahmen des Originals übereinstimmen muss. Während beispielsweise Paul Hindemith in seiner Sinfonie *Mathis der Maler* nur bestimmte Motive des Isenheimer Altars vertont, erfasst Modest Mussorgsky in *Bilder einer Ausstellung* eine ganze Reihe von Gemälden und macht sogar deren Zwischenräume (*Promenade*) zu Bestandteilen der Komposition.

Zweitens trifft eine künstlerische Disziplin, die vorwiegend räumlich orientiert ist, auf eine, die sich in der Zeit vollzieht. Musik als „Zeitkunst" macht die Vorgänge, aus denen die Momentaufnahme des Gemäldes entnommen wurde, wieder als Geschehnisse erlebbar. Um diesen Aspekt von Programmmusik hervorzuheben, sind für das vorliegende Kapitel Programme gewählt worden, die mit lebhaftem öffentlichem und sozialem Geschehen zu tun haben: ein dörfliches Fest in Anlehnung an Bilder von Pieter Brueghel d. Ä. und ein Wochenmarkt nach einem verlorenen Gemälde von Viktor Hartmann. Dass im 20. Jahrhundert immer mehr Versuche unternommen worden sind, gerade umgekehrt mit Kunst auch Zeit zu gestalten und mit Musik Raum zu formen, soll sich in der Wahl des dritten Beispiels widerspiegeln: Das fixe Kinderbild *Lucy in the Sky with Diamonds* wird im Songtext der Beatles zu bewegten Bildern ausgebaut. Es entsteht Raum, in dem es um fantastische Begegnungen inmitten von Straßenverkehr, Bahnhof und Kirmes geht.

Ziele

- Die Schülerinnen und Schüler lernen praxisorientiert kompositorische Mittel kennen, mit denen Malerei in Musik umgesetzt wird.
- Sie wissen, welche unterschiedlichen Wirkungen Musik zu einem stehenden bzw. bewegten Bild entfaltet, indem sie Momente des kompositorischen Programmes zeichnen, als Freeze darstellen und szenisch spielen.
- Sie können die Bild-Ton-Assoziationen unterschiedlicher Menschen, darunter der Komponisten und der Schüler selbst, differenzieren, indem sie eigene Zeichnungen, Vertonungen und Texte produzieren sowie reflektieren.
- Sie kennen programmatische Aspekte von populärer Musik.
- Sie können die Kategorisierung, dass Musik Zeitkunst und Malerei Raumkunst sei, sowohl nachvollziehen also auch kritisch hinterfragen.

2.1 Michel Brusselmans, *Bruegel-Szenen* für Orchester (1912)

Pieter Bruegel d. Ä., *Die Kirmes von Hoboken (Federzeichnung 1559)*

Pieter Bruegel der Ältere (1525–1569) ist ein Maler der niederländischen Renaissance. Viele seiner Bilder beinhalten Motive aus dem ländlichen Leben in Flandern, daher gab man dem Künstler auch den Beinamen „Bauernbruegel".
Seit der zweiten Hälfte des 19. Jahrhunderts, als in vielen europäischen Ländern der Nationalismus verstärkten Einfluss auf die Kulturen nahm, besann man sich auch unter flämischen Komponisten auf alte Meister. Michel Brusselmans (1886–1960), der in Brüssel studiert hatte, folgte dieser Tradition. Als Bruder eines Kunstmalers interessierte er sich sehr für Malerei und komponierte 1912 einige *Bruegel-Szenen* (*Scènes Bruegheliennes*) für Orchester, welche eine typische Bruegel-Atmosphäre widerspiegeln sollten. Konkrete Angaben, welche der Bruegel'schen Bilder gemeint sind, machte er nicht. Die Betitelung des Schlussteils als *Flämische Kirmes* legt aber nahe, dass Brusselmans sich zumindest in diesem Abschnitt auf die Zeichnung *Die Kirmes von Hoboken* bezogen hat (s. Abb.).

a) Assoziierendes Hören des Stücks unter Angabe des Programms „Ein Jahrmarkt im Dorf"

Hörbeispiel 12: Michel Brusselmans: Bruegel-Szenen – Kermesse Flamande, Dauer: 2:46

Als erster Zugang zur Musik bietet sich ein Hören noch ohne das Bild an. Auf diesem Wege können im Rahmen des Themas „Jahrmarkt im Dorf" freie Assoziationen der Schüler ermöglicht werden. Zu erwarten sind Stichworte wie:

Assoziationen zum Thema „Jahrmarkt im Dorf"

Karussell	Betrunkener
Tanz	Spiele
Kinder	Blaskapelle
Zauberer	Verliebtes Paar
Tiere	Rauferei

Die Assoziationen sollten schon in dieser Phase mittels Beschreibungen der Musik und den eigenen Bildvorstellungen begründet werden, damit unterschiedliche Ideen im Unterrichtsgespräch aufeinander bezogen werden können. Zu den Kategorien, die bei einer Beschreibung ohne Noten realistisch sind, gehören

- Instrumentierung,
- Dynamik,
- Tempo,
- Charakter des Rhythmus (regelmäßig/unregelmäßig, tänzerisch etc.),
- Melodie (bewegt oder ruhig, Bewegungsrichtung etc.).

b) Darstellung von Einzelszenen in Standbildern und bewegtem szenischen Spiel (Arbeitsblatt 5, S. 39)

Der Teil *Flämische Kirmes* in Brusselmans' Komposition dauert 2:42 Minuten. Die zeitliche Untergliederung dieses Teils sollte zuerst festgelegt und auf dem Arbeitsblatt eingetragen werden, damit klar ist, welche der kurzen Szenen gerade gemeinsam erschlossen wird.

- *Wann beginnt etwas Neues? (Armheben, Aufstehen)*
- *Woran ist der Einschnitt zu erkennen?*

Die Komposition bietet eine Reihe von Möglichkeiten der Untergliederung. Einige Anhaltspunkte sind in dem folgenden tabellarischen Leitfaden genannt. Sie mögen aber lediglich zur Orientierung dienen und nicht als Schema, auf welches die Hörweisen der Schüler hinzuführen wären. Realistisch ist eine nähere Betrachtung von maximal fünf musikalischen Abschnitten. Entsprechend ist auch das Arbeitsblatt strukturiert (siehe **Arbeitsblatt 5, S. 39**).

Flämische Kirmes: **Abschnitte (Szenen)**

Zeit	Notenbeispiel[1]	Anzeichen, dass eine neue Szene beginnt	Weitere musikalische Eigenschaften des Abschnitts
0:00		• pulsierende hohe Tonwiederholungen • Thema (← siehe Noten) • Paukenschlag	• tänzerisches Thema mit kurzen Notenwerten • Steigerung der Dynamik • immer mehr Instrumente setzen ein

[1] Alle Notenbeispiele S. 26 und 27: © Michel Brusselmans

0:30		• Fanfare in Bläsern mit dem Thema vom Anfang (← siehe Noten)	• Tutti, forte • pulsierende, bewegte Melodien in allen Instrumenten
0:53		• plötzliches Innehalten des Streicher-Apparates • Oboe solo mit neuartiger (rhythmisch unregelmäßiger und sprunghafter) Melodie (← siehe Noten)	• Streicher übernehmen die Melodie • Steigerung der Dynamik bis zum Beckenschlag
1:16		• Generalpause • noch mal Oboe solo, jetzt von Piccoloflöte, Harfe u. a. unterbrochen (← siehe Noten)	• Versatzstücke im Dialog • Walzermelodie, über störender Begleitung
1:35		• schwelgende Streicher-Melodie, jetzt passend begleitet	• Kette schneller Notenwerte löst schwelgende Melodie ab • accelerando, Steigerung zum Beckenschlag
1:58		• Fanfare in Bläsern mit dem Thema vom Anfang	• Bläser-Akkordfolge mit ansteigender Tonhöhe bis zu Höhepunkt • erst tänzerische, dann ruhige Überleitung
2:29		• viel schnelleres Tempo • Tutti	• aufsteigende Melodieketten zu einem kraftvollen Schlusspunkt

Jede Gruppe wählt eine musikalische Szene aus und entwickelt dazu eine bewegte Szene und ein Standbild. Dafür fertigen die Schüler auf dem Arbeitsblatt zunächst eine Skizze an und studieren ihren Beitrag zur betreffenden Musik ein. Bewegte und unbewegte Darstellung sollen unmittelbar aufeinanderfolgen. Bei der abschließenden gemeinsamen Reflexion ist folgende Frage entscheidend:

- *Welche Wirkung entfaltet die Musik zusammen mit einem stehenden Bild?*
- *Gibt es einen Unterschied zum Zusammenwirken mit bewegten Bildern?*

Der Vergleich rückt den Aspekt der Zeit in Kunst und Musik in den Fokus.

- Erfahrungsgemäß werden Standbilder als etwas „Unnatürliches" wahrgenommen, da sich die Wirkung eines bestimmten Prozesses in nur einem stehenden Bild verdichtet.

Möglicherweise erfolgt dadurch eine Konzentration auf die Musik, die unter diesen Bedingungen bewusst gehört wird.

- Bei der bewegten Szene kommt es zu der gewohnten Prozesshaftigkeit beider Medien Kunst und Musik, sodass vermutlich eine Mehrzahl der Schüler nicht bewusst auf die Musik achtet.

■ *Ist Programmmusik nach Bildern also überhaupt dazu bestimmt, während der Betrachtung fixer Bilder gehört zu werden?*

Es lässt sich an dieser Stelle die These in den Raum stellen, dass mit Musik und stehendem Bild zwei Dimensionen aufeinandertreffen, die vom Menschen nicht so leicht koordiniert werden können wie allgemein angenommen. In diesem Sinne sind auch für Programmmusik-Komponisten die Bilder wohl oftmals eher Anregung gewesen, aus denen vom Komponisten prozesshafte Fantasien entwickelt worden sind. Nicht zufällig hat sich Michel Brusselmans in späteren Jahren vornehmlich der Komposition von Filmmusik gewidmet.

c) Betrachtung der Zeichnung Bruegels und Vergleich der Bildmotive mit eigenen Assoziationen

Einleitend (in Arbeitsschritt a) hatten die Schüler darüber spekuliert, auf welche Geschehnisse eines dörflichen Jahrmarkts sich die Musik Brusselmans bezieht. Das Bild *Die Kirmes von Hoboken* liefert nun ein anderes Repertoire an Motiven.

■ *Benennt die einzelnen Szenen der Zeichnung* Die Kirmes von Hoboken.

■ *Welche Überschneidungen, welche Unterschiede gibt es zu den Jahrmarkt-Szenen, die ihr anhand der Musik vermutet hattet?*

■ *Woran wird es liegen, dass es (möglicherweise) so unterschiedliche Assoziationen zu dem Thema „Jahrmarkt im Dorf" gibt?*

Der Grund für sehr unterschiedliche Assoziationen liegt in der Vielfalt von Lebensbedingungen und -situationen aller am Assoziationsprozess beteiligten Menschen von Pieter Bruegel d. Ä. bis zur aktuellen Schulklasse:

Von **Pieter Bruegel d. Ä.** weiß man, dass er die ländliche Kultur seiner Zeit, d. h. des 16. Jahrhunderts, genau studiert hat. Die Beischrift seiner Zeichnung bekundet den Eindruck, den Bruegel dabei gewonnen hat: „Die Bauern freuen sich an solchem Feste, zu tanzen, springen und sich zu betrinken wie die Tiere; sie würden hungern oder vor Kälte sterben, wenn sie nur die Kirmes haben."[1]

Michel Brusselmans hatte seinen ganz eigenen Zugang zur flämischen Landschaft und Landbevölkerung, mehr als 450 Jahre nach Bruegel. In Brusselmans' Kompositionen mischt sich die persönliche Erfahrung mit der Interpretation der alten Gemälde und Zeichnungen.

[1] zitiert nach: Christopher Brown: Holländische Genremalerei im 17. Jahrhundert, München: Hirmer 1984, S. 14

Schülerinnen und Schüler von heute werden abermals 100 Jahre nach der Entstehung von Brusselmans' Komposition mit dem Thema „Jahrmarkt im Dorf" konfrontiert. Ihre Assoziationen stammen aus einer Zeit, in der die High Technology in die Branche der Schausteller Einzug gehalten hat und in der eine Reihe früherer Jahrmarkt-Aktivitäten nicht mehr existieren, da sie mit den Produkten der Unterhaltungsindustrie nicht mithalten konnten. Außerdem führen die aktuellen Assoziationen natürlich schon deshalb in viele neue Richtungen, weil jede Schulklasse eine Vielzahl von Rezipienten umfasst.

d) Reflexion der Schülererfahrungen mit Musikkulissen auf heutigen Jahrmärkten (Arbeitsblatt 6, S. 40)

Hörbeispiel 12: Michel Brusselmans: Bruegel-Szenen – Kermesse Flamande, Dauer: 2:46

1. *Kreist auf dem Bild mit einem farbigen Stift nacheinander alle Szenen ein, die ihr in der Musik von Michel Brusselmans wiedererkennt. Verbindet die eingezeichneten Kreise mit Pfeilen, sodass eine Reihenfolge ersichtlich ist. Vergleicht eure Ergebnisse.*

Eine originale Reihenfolge, nach der Brusselmans die Ereignisse der *Flämischen Kirmes* vertont hätte, hat der Komponist nicht notiert. Aufgrund der musikalischen Merkmale der einzelnen Abschnitte (s. Tabelle, S. 26f.) wäre jedoch eine Abfolge wie diese nachvollziehbar:

1) Gesamtblick	(ab Beginn)
2) Feierliche Prozession	(ab 0:30)
3) Betrunkene oder Tiere	(ab 0:53)
4) Spielende Kinder	(ab 1:16)
5) Tanzende im Hintergrund	(ab 1:35)
6) Kutsche	(ab 1:58)
7) Gesamtblick/steigende Stimmung	(ab 2:29)

2. *Erinnert euch an euren letzten eigenen Besuch auf einem Jahrmarkt, Rummel o. Ä. und dokumentiert Bild und Ton aus dem Gedächtnis (Tabelle).*

3. *In Brusselmans' Orchesterwerk gibt es sowohl Stellen im volkstümlichen Stil (z. B. Tanzmusik) als auch Musik, die so nicht auf einem Jahrmarkt erklingen würde, jedoch gewisse Stimmungen erzeugen soll. Bringt Musik mit, die euch ganz persönlich an die Gesamtstimmung eures Jahrmarktbesuchs erinnert, ohne dass sie für andere nach Jahrmarkt klingen muss.*

Die Dokumentation eigener Jahrmarktbesuche lenkt den Blick auf den Wandel, der sich in Richtung maschineller Attraktionen und medial präsentierter Musik vollzogen hat. Die wichtige Rolle von Musik im Panorama der Faszination wird aber geblieben sein.
Mitgebrachte CDs sollen nicht vordergründig nach typischer Jahrmarktsmusik klingen, sondern sehr individuell die erlebte Stimmung der Veranstaltung widerspiegeln. Die Schüler begründen die Auswahl ihrer Beispiele im Unterricht und kommen auf diese Weise in einen sachbezogenen und reflektierten Austausch.

2.2 Modest Mussorgsky, *Bilder einer Ausstellung* (1874) – Daraus: *Der Markt von Limoges*

Die Suite *Bilder einer Ausstellung* von Modest Mussorgsky zählt zu den berühmtesten Beispielen für Programmmusik überhaupt.
Mussorgsky (1839–1881), der mit sechs Jahren Klavierunterricht erhielt und schon vorher mit Improvisationen auffiel, strebte als Erwachsener zunächst eine militärische Karriere an. Nachdem er viel Zuspruch auf seine Klavier- und Liedkompositionen erhalten hatte, quittierte er als 21-Jähriger schließlich seinen Dienst und beabsichtigte, sich ganz der Musik zu widmen. Allerdings verschlechterte sich nach der Aufhebung der Leibeigenschaft 1861 die finanzielle Lage seiner Familie erheblich und er konnte seine weitere Laufbahn als Komponist nur unter sehr schwierigen Bedingungen verwirklichen. Obgleich mit den berühmtesten russischen Musikern seiner Zeit bekannt, strebte Mussorgsky selbst vergeblich nach einem künstlerischen Durchbruch. Auch gesundheitlich war er bereits schwer angeschlagen, als er 1874 seinem jung verstorbenen Freund Viktor Hartmann ein Denkmal setzte, indem er dessen posthume Ausstellung mit mehr als 400 Aquarellen, Zeichnungen und Skizzen als Programm für eine neue Kompositionsform wählte.
Insgesamt zehn musikalische Bilder umfasst das Werk, wobei an sechs Stellen ein Zwischenspiel eingefügt ist, das den Gang des Ausstellungsbesuchers vertont. Diese „Promenade“ erscheint in verschiedenen Varianten. Da sie unter anderem am Beginn steht, bezeichnet man die Promenade auch als Hauptthema des gesamten Stücks.
Die *Bilder einer Ausstellung* sind von Mussorgsky als Klaviersuite komponiert worden. Das Publikum war von dem Reichtum an Klangfarben jedoch so fasziniert, dass mehrere Orchesterfassungen entstanden sind. Die bekannteste und bis heute am häufigsten gespielte stammt von Maurice Ravel.
Der Marktplatz von Limoges ist das VII. Bild der Suite. Die Vorlage von Hartmann ist nicht mehr erhalten. Zur Entstehungsgeschichte ist überliefert, dass Mussorgsky vorhatte, den Klatsch und Tratsch der Frauen auf dem Markt im Zusammenhang mit der Musik zur Aufführung zu bringen. Im Autograf hat er dafür zwei Textentwürfe notiert und größtenteils wieder durchgestrichen. Schließlich haben dann nur die Worte „La Grande Nouvelle“ (Die große Neuigkeit) Eingang in die Endfassung gefunden. Die eskalierenden Streitigkeiten der Marktfrauen sind eine heute gängige Deutung der Musik. Sie entsprechen aber auch einer Beschreibung des heute verschollenen Bildes durch den mit Mussorgsky befreundeten Kunstkritiker Wladimir Stassow: „Französische Frauen, heftig streitend auf dem Marktplatz“.

a) Hören der Musik und Einzeichnen einer passenden Marktplatzszene in eine Vorlage (Arbeitsblatt 7, S. 41)

Musikbeispiel: Modest Mussorgsky: Bilder einer Ausstellung – VII: Der Markt von Limoges

1. *Zeichnet in das Bild eine Marktszene, die zu Modest Mussorgskys Musik passt.*

Die Bildvorlage auf dem Arbeitsblatt legt fest, dass es in der Musik um eine Marktszene geht. Für das Ausfüllen der leeren Marktplatz-Fläche sind mehrere kleine Zeichnungen ebenso denkbar wie eine zentrale. Das hohe Tempo, die zahlreichen Synkopen und die Steigerung der Dramatik lassen Assoziationen mit schnellen, hastigen Aktionen der Marktbesucher, Marktverkäuferinnen oder auch den Nebenrollen wie Kindern und Tieren erwarten. Mit comichaften Bewegungslinien, verwischten Konturen und dynamischer Statik (etwa bei rennenden Figuren) kann die Beweglichkeit der Motive in der Schülerzeichnung zusätzlich gesteigert werden.

2. *Begründet im Anschluss, welche Eigenschaften in der Musik euch zu der Zeichnung veranlasst haben.*

Zur Begründung der Assoziationen lässt sich eine Vielzahl kompositorischer Eigenschaften anführen, darunter:

- hohes Tempo; am Ende noch Steigerung
- sehr wechselhafte Dynamik
- häufiger Wechsel der Melodierichtung
- tendenziell hohes Stimmregister in der Melodie
- rhythmische Akzente; Synkopen
- Instrumentierung: großes Orchester; Melodie hauptsächlich in Streichern und Holzbläsern; laute Stellen mit Blechbläsern; Akzente mit Perkussion unterstützt

b) Szenische Darstellung einer Streitszene zur Musik und Verfassen entsprechender Dialoge (Hilfsmittel → Klavierauszug auf Arbeitsblatt 8, S. 42)

Die Schüler erhalten eine kurze Information zur Entstehung der Komposition und zu Mussorgskys Idee, Sprechtexte der Marktfrauen in das Werk zu integrieren.
Zunächst wird noch ohne Sprache gearbeitet, damit die szenenbegleitende Musik bewusst wahrgenommen werden kann.

■ *Erarbeitet passend zur Musik eine Pantomime mit tratschenden und/oder streitenden Marktfrauen.*

Anschließend begründen die Schüler ihre Szene durch eine Beschreibung derjenigen Passagen im Klavierauszug (**Arbeitsblatt 8, S. 42**), die zu einer ganz bestimmten pantomimischen Spielweise herausfordern – insbesondere dort, wo sich das musikalische Geschehen verdichtet. Beispielsweise ist eine Stelle, die gerne als Handgreiflichkeit interpretiert wird (Takte 6–8), mittels Tempo, 16tel-Noten und Dynamik vorbereitet und mündet in laute synkopische Schläge. Die Instrumentierung sollte hier ebenfalls zur Sprache kommen (vgl. auch die Aufgaben zur Akzentsetzung und Instrumentierung auf dem Arbeitsblatt 8).

Aufbauend oder alternativ können die Marktfrauen mit Texten dargestellt werden.
Interessanterweise hat Mussorgsky in seinem Manuskript selbst einige Notizen zum Gespräch der Marktfrauen hinterlassen. Eine davon lautet im Ganzen:

> „Große Neuigkeiten! Herr von Panta-Pantaléon hat gerade seine Kuh wiedergefunden, die durchgegangen war. – Ja, Madame, das war gestern. – Nein, Madame, es war vorgestern! – O ja, Madame, das Biest lief in der ganzen Nachbarschaft herum. – Oh nein, Madame, das Tier ging gar nicht verloren."
>
> (zitiert nach: Wieland Schmidt, Modest Mussorgsky/Maurice Ravel. Bilder einer Ausstellung. Ein Meisterwerk im Spiegel seiner Zeit, Innsbruck u. a.: Helbling 2012, S. 50)

Dieser Dialog kann als Anregung zu einem eigenen Text dienen oder als nachträglicher Vergleich.
Zur Musik aufgeführt, geht es bei den verschiedenen Formen der szenischen Darstellung weniger um synchrone Bewegungen als um eine Entsprechung in der allgemeinen Dramaturgie (leichter Beginn – vorläufige Steigerungen bis zu einem Höhepunkt – am Ende extreme Beschleunigung).

c) Rhythmusübungen zu den speziellen Akzenten in der Musik; Hörendes Erfassen der Instrumentierung (Arbeitsblatt 8, S. 42)

Der Marktplatz von Limoges ist ein sehr prägnantes Beispiel dafür, wie Metrik und Rhythmus die Wirkung von Musik beeinflussen können. Nach Tradition der Metrik in Kompositionslehren verteilen sich die Schwerpunkte in geraden Takten so, dass sie regelmäßig wiederkehren: Am Beginn steht die gewichtigste Taktzeit, auf Zählzeit 3 die zweitschwerste. Dazwischen liegen unbetonte Taktzeiten 2 und 4 (siehe Abb. unten). Dass dieses Muster tief im (westlichen) Hörverhalten verwurzelt ist, zeigt sich in den Grundbeats vieler populärer Musikstile, die entsprechend aufgebaut sind. Bei einer Klatschübung ohne Vorgaben, jedoch mit Durchzählen eines 4/4-Taktes, wird sich in der Klasse automatisch eine Betonung des Taktbeginns abzeichnen.

In der Musik Mussorgskys nun fallen Akzente nicht nur auf die sonst unbetonten Zählzeiten 2 und 4 (s. Takt 6), sondern sogar auch zwischen die Zählzeiten, also dort, wo mit der linken Hand geklatscht wird (s. Takte 2, 3 u. öfter). Vermutlich soll sich durch die widrigen Akzente das Impulsive der Gesprächs- und Streitpartnerinnen ausdrücken. Eine geordnete Metrik mit gleichmäßigen Impulsen würde für Harmonie stehen. Die Marktfrauen hingegen verstoßen gegen die Regeln und fallen sich gewissermaßen spontan ins Wort. In Aufgabe 1 (Arbeitsblatt 8, S. 42) soll mithilfe der Noten genau dieser Gegensatz und seine Wirkung auf die musikalische Szene herausgearbeitet werden.

1. *Mussorgsky hat die Betonungen (Akzente) sehr eigenwillig gesetzt.*
   a) Klatscht zur Musik gleichmäßig mit der rechten und der linken Hand abwechselnd auf eure Oberschenkel. Orientiert euch dazu an den eingezeichneten Händen ✋✋.
   b) Klatscht immer dann, wenn ein Akzent (sf) kommt, lauter. Übt dies zunächst langsam nach den Noten und steigert das Tempo bis zum Original.
   c) Klatscht noch einmal ohne Mussorgskys Akzente. Wo würdet ihr selbst Akzente setzen? Vergleicht die Möglichkeiten miteinander.

Verteilung der Schwerpunkte in einem 4/4-Takt

	=				–				=				–			
l. Hand		✋		✋		✋		✋		✋		✋		✋		✋
r. Hand	✋		✋		✋		✋		✋		✋		✋		✋	
	1	und	2	und	3	und	4	und	1	und	2	und	3	und	4	und

Musikbeispiel: Modest Mussorgsky: Bilder einer Ausstellung – VII: Der Markt von Limoges

2. *Der Komponist Maurice Ravel hat aus Mussorgskys Klavierstück eine Orchesterfassung gemacht. Erkennt an den drei markierten Stellen die Instrumente und schreibt sie auf.*

Stelle A	Stelle B	Stelle C
Instrumente: Hörner	Instrumente: Violinen	Instrument: Triangel
Maurice Ravel hat in seiner Orchesterfassung den Protagonistinnen eine Art Auftrittsfanfare vorangestellt.	Die Marktfrauen selbst sind mit Instrumenten hoher Stimmlagen besetzt. Möglicherweise werden neben den Violinen auch die Flöten oder Klarinetten hörend erkannt.	Dass die Streitenden sich ereifern, kann aus einer Interpretation der plötzlich in die Höhe schnellenden Melodiephrasen hervorgehen. Manche Spitzentöne sind mit leichtem Schlagwerk zusätzlich akzentuiert.

d) Bewegung in Bildern und Musik: Streitende Marktfrauen und die *Promenade* durch eine Ausstellung (Arbeitsblatt 9, S. 43)

Zur Musik Mussorgskys	Zum Bild der „Streitenden Marktfrauen"
Die Schülerinnen und Schüler sind inzwischen mit einigen Mitteln, welche die Lebendigkeit in Mussorgskys *Marktplatz* ausdrücken, vertraut: • hohes Tempo und Tempowechsel • bewegte Melodik • reiche und wechselhafte Instrumentierung • wechselhafte Dynamik • unregelmäßige(r) Metrik und Rhythmus	Obwohl es sich bei der Zeichnung um ein „stehendes" Bild handelt, sind auch hier Mittel der Lebendigkeit enthalten: • Mimik, z. B. der schreienden Marktfrau und des amüsierten Beobachters • ausladende Gestik der Streitenden • Faltenwurf der bewegten Kleider • Gewirr von Marktbesuchern im Hintergrund • Verzicht auf waagerechte Achsen, dafür Schrägen in Perspektiven auf Dächer und in der Dynamik der Protagonistinnen

1. *Hört Mussorgskys* Marktplatz von Limoges *(Musikbeispiel, nicht auf CD) und betrachtet im Anschluss das Bild. Vergleicht, in welchem Medium sich die Dramatik des Streits lebendiger ausdrückt. Nennt dabei die Vor- und Nachteile beider Medien.*

Medium	Vorteil beim Abbilden einer bewegten Szene	Nachteil beim Abbilden einer bewegten Szene
Musik	• Musik spielt sich in der Zeit ab: Entwicklungen (z. B. Steigerungen) sind möglich	• Musik liefert kaum verbindliche Zuordnungen. Assoziationen sind von den Hörenden abhängig.
Bild	• Kunst kann konkret abbilden. Dass es sich um zwei Marktfrauen handelt, steht sofort außer Frage.	• Da bildende Kunst in ihrer Form verbleibt, muss der Betrachter das weitere Geschehen in seinem Geist selbst erzeugen. Je nach Qualität des Bildes gelingt dies nicht unbedingt leicht.

2. *a) Spielt die Melodie der Promenade auf einem Instrument.*

b) Wenn ihr die Takte 1 und 2 durch Anhören oder Spielen gut im Ohr habt, spielt sie auf einem Tasteninstrument oder chromatischen Stabspiel und beginnt dabei mit dem Ton dis/es. (Die Reihenfolge der ersten drei Töne ist auf der Tastatur markiert.) Welcher Tonvorrat wird verwendet?

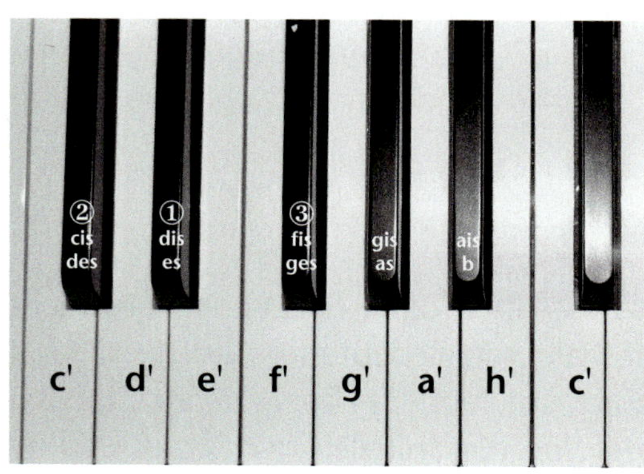

c) Hört oder spielt die Musik, während ihr durch eine Ausstellung geht. Nutzt dafür zum Beispiel eure eigenen Bilder von Marktszenen (Arbeitsblatt 7). Beschreibt die Wirkung der Musik, indem ihr auf die Art und Weise eures Gehens Bezug nehmt.

Die Schüler spielen die *Promenade* am besten auf einem Tasteninstrument oder einem chromatischen Glockenspiel. Auf Basis der Spiel- und Hörerfahrung lässt sich die Frage stellen, welche Stimmung sich vermittelt bzw. in welcher Stimmung Mussorgsky gewesen sein mochte, als er die Ausstellung seines verstorbenen Freundes betrat.

Aus dem Spiel auf schwarzen Tasten (Aufgabe 2.b) ergibt sich der Tonvorrat einer pentatonischen Leiter. Im eigenen Abschreiten einer Ausstellung zur Musik Mussorgskys (Aufgabe 2.c) erschließt sich die Stimmung der Promenade durch eigene körperliche Erfahrung. Die Betrachtung der Noten liefert Hinweise auf ausschlaggebende musikalische Mittel wie

- die spannungsarme Charakteristik der Pentatonik (durch das Fehlen von Halbtonschritten),
- der Wechsel von 5/4- und 6/4-Takten,
- die monotone Wiederholung von kleinen Melodiephrasen,
- das offene Ende der zweitaktigen Melodie,
- der Kontrast von Einstimmigkeit und choralartiger Mehrstimmigkeit.

Die Einschätzung der Schüler kann auf die Satzbezeichnung bezogen werden:
senza allegrezza, ma poco sostenuto (= ohne Fröhlichkeit, etwas gehalten).

2.3 The Beatles, *Lucy in the Sky with Diamonds* (1967)

Der Song *Lucy in the Sky with Diamonds* ist keine Programmmusik im engeren Sinne. Durch seinen gesungenen Text ist ihm bereits die Möglichkeit genommen, nur aus dem musikalischen Satz heraus Außermusikalisches abzubilden. Doch auch und gerade Vokalmusik stellt über die Textebene hinaus enge außermusikalische Bezüge her, angefangen bei der Oper, sehr ausgeprägt im Kunstlied und noch in der populären Musik des 20. Jahrhunderts. *Lucy in the Sky with Diamonds* ist aber noch aus einem anderen Grund für den Aspekt dieses Bausteins interessant: Es ist ein Beispiel dafür, dass die Grenzen zwischen zwei Kunstformen, welchen traditionell die Dimensionen Zeit beziehungsweise Raum zugeordnet sind, verschwimmen. Ein Bild inspirierte die Beatles zu dem Song; im Songtext wiederum wird der Hörer aufgefordert ein Bild zu malen: „Picture yourself in a boat on a river ...". Mit der Lenkung des Hörenden auf eine bestimmte bildliche Vorstellungswelt hin steht *Lucy in the Sky with Diamonds* in der Nähe zu traditioneller Programmmusik: Die Funktion des Programms, das einst der Instrumentalmusik beigelegt worden war, übernimmt jetzt der Songtext.

> „Das hier ist die Wahrheit: Mein Sohn [Julian, 4 Jahre] kam mit einer Zeichnung nach Hause und zeigte mir diese seltsam aussehende Frau, die herumflog. Ich fragte ihn: ‚Was ist das?', und er antwortete: ‚Das ist Lucy im Himmel mit Diamanten', und ich dachte: ‚Das ist wunderschön.' Ich habe sofort einen Song darüber geschrieben."
>
> *John Lennon (1975)*
>
> (in: The Beatles Anthology, München 2000, S. 242)

Dass Lennon diese Entstehungsgeschichte des Songs in einem Interview bekannt gab, ist deshalb von Bedeutung, weil die Öffentlichkeit unmittelbar nach dem Erscheinen des Albums Sgt Pepper's Lonely Hearts Club Band (1967) darüber spekuliert hatte, dass der Songtitel von den Initialen der Droge LSD inspiriert worden sei. Mehrere Mitglieder der Band haben diese Spekulation zurückgewiesen. Später hat auch Julian Lennon die Geschichte gemäß der Erinnerung seines Vaters bezeugt und die Echtheit des bis heute erhaltenen Bildes bestätigt. Das Original befindet sich jetzt in Besitz des Pink-Floyd-Musikers David Gilmour.

a) Bildbetrachtung *Lucy in the Sky with Diamonds* (Julian Lennon) (Arbeitsblatt 10, S. 44)

Wie auch im Falle der *Bilder einer Ausstellung* von Mussorgsky war der Ausgangspunkt des musikalischen Schaffensprozesses ein Bild. Entsprechend geht auch im Unterricht die Erfassung von der Bildbetrachtung aus, wobei der Titel zuerst noch nicht genannt werden sollte.

Im Anschluss kann die Frage nach dem vermutlichen Alter des Malers zum Kontext des Beatles-Songs hinführen. Die Umstände der überlieferten Entstehungsgeschichte von *Lucy in the Sky with Diamonds* werden vom Lehrer erläutert.

1. *Bevor ihr erfahrt, welchen Titel Julian Lennon seinem Bild gegeben hat, betrachtet das Bild eingehend und tauscht euch in Kleingruppen darüber aus.*
a) Was ist zu sehen (welche Objekte, Formen, Farben etc.)?
b) Wie ist das Bild formal gestaltet (wie sind Formen und Farben „komponiert"; in welcher Beziehung und welcher Ordnung stehen die Dinge)?
c) Wie kann das Bild interpretiert werden (ist eine Message *des Malers zu erkennen)?*
d) Wie beurteilt ihr das Bild (bewegt es euch oder nicht; was gefällt und warum)?
e) Wie würdet ihr dieses Bild in Musik umsetzen (Stil; Instrumente; Stimmung ...)?

Folgende Antworten liegen nahe:
a) Augen, Mädchen oder Frau mit Kleid, Kopfschmuck, Feuer, Sterne, Diamanten. Gelb und Rot überwiegen. Die Sternformen sind von Dreiecks-Konstruktionen geprägt.
b) Hauptfigur links, frontal ausgerichtet, Diagonale von den Füßen zu den Sternen
Besonders die Teilaufgaben c und d unterliegen weiter Deutungsvielfalt: Ein schwebendes Mädchen, welches Flammen entflieht, ist ebenso denkbar wie eine Ausschmückung der Hauptfigur durch Sterne oder ihre Bedrohung durch fallende Kristalle. Entsprechend kann es sich bei einer Vertonung um ruhige (mit Klavier, Streichern, Stimme etc.) oder dramatische Musik (mit Schlagzeug, E-Gitarre, Blechbläsern etc.) handeln.

b) Hören des Songs *Lucy in the Sky with Diamonds* als Programmmusik

Vermutlich wird der anspruchsvolle englische Text beim ersten Hören nur bruchstückhaft verstanden. Dieser Umstand ist hier jedoch von Vorteil, da somit ein Einstieg ins Hören mit dem Schwerpunkt der musikalischen Strukturen ermöglicht wird.

Musikbeispiel: The Beatles: Lucy in the Sky with Diamonds

- *Welche musikalischen Merkmale des Songs passen zu dem Bild von Julian Lennon?*

	Musikalische Mittel	Mögliche Bezugspunkte
1.	Monotone Melodik (häufige Wiederholungen von Tönen und von kurzen Melodiephrasen)	Traumwelt, kindliche Welt
2.	Hall-Effekte; Chor; Stereo-Panorama	Instrumente umgeben Solosänger, so wie die weibliche Person auf dem Bild von den Ereignissen umgeben wird.
3.	Kindlicher Gesangsstil von John Lennon	Kindliche Gestaltung des Bildes insgesamt
4.	Schnarren des indischen Instruments Sarangi (ab Textstelle *Somebody calls you*)	Fremde Welt; der Realität enthobenes Himmelsbild
5.	Tempo- und Taktwechsel zwischen Strophen und Refrain	Kontraste, z. B. zwischen eckigen und runden Formen, zwischen abstrakten und konkreten Elementen etc.

Tempo- und Taktwechsel (s. Tabelle, 5.) werden in einer Bewegungsübung deutlich: Zur Auswahl steht entweder das Gehen in eine Richtung, das dem geraden Takt des Refrains entspricht, oder das freie Drehen am Platz, das den ¾-Takt der Strophen darstellen kann.

- *Ist dies Programmmusik?*

Die Schüler messen den Song an der folgenden, schon am Beginn dieses Bandes genannten Definition:
Programmmusik ist selbstständige Instrumentalmusik mit einem ausdrücklich benannten außermusikalischen Bezug, etwa zu einem Gemälde, einem Gedicht oder einem vom Komponisten erlebten Naturereignis. Schon der Werktitel lenkt das Hörerlebnis in eine bestimmte Richtung. Musik und Wort stehen in einem engen Abhängigkeitsverhältnis.

Kriterium für Programmmusik	**Erfüllt?**
Selbstständige Instrumentalmusik	Nein, Vokalmusik
Außermusikalischer Bezug	Ja, zum Bild von Julian Lennon
Werktitel oder beigefügter Programmtext lenkt die Vorstellung	Ja, über den Titel hinaus kann der Songtext als Programmtext aufgefasst werden
Enges Verhältnis von Musik u. Wort	Ja, s. Tabelle der musikalischen Mittel (S. 35), die sich auf Bild und Songtitel beziehen

Fazit: *Lucy in the Sky with Diamonds* ist im engeren Sinne keine Programmmusik, doch steht das Beispiel in vielen Punkten der traditionellen Programmmusik nahe.

c) Singen und Musizieren (Arbeitsblatt 11, S. 45)

1. *Singt den Song und findet über Klavier oder Gitarre hinaus passende Instrumente zur Begleitung.*

Zur Entstehung des Songs ist überliefert, dass die Beatles sehr ausgiebig mit der Instrumentierung experimentiert haben. Verschiedene indische Instrumente waren ebenso im Gespräch wie Bass-Mundharmonika, Kamm und Papier. Entsprechend können die Schüler ebenfalls nach Instrumenten, Alltagsgegenständen oder mit der Stimme hervorgebrachten Klängen suchen, die zur Bildvorlage des Songs passen und zur Klavier-, Gitarren- und Schlagzeugbegleitung hinzugefügt werden.

d) Der Songtext als Bildbeschreibung und als Inspirationsquelle neu entstehender Bildlichkeit

Im Text wird erstens das Bild Julian Lennons beschrieben; zweitens baut sich eine Vorstellungswelt auf, die über das Bild hinausgeht. Diese zusätzlichen Motive stammen größtenteils aus Lewis Carrolls *Alice im Wunderland*. Im Unterricht sollen beide Bereiche voneinander unterschieden werden (s. Tafelbild auf der folgenden Seite).

- *An welchen Stellen beschreibt der Songtext das Bild von Julian Lennon und an welchen geht er über diesen Rahmen hinaus?*
- *Inwieweit lassen sich diese Bereiche im Gesamtprodukt überhaupt voneinander trennen?*

Der Songtext *Lucy in the Sky with Diamonds*

Beschreibung des Bildes von Julian Lennon	Zusätzliche Bildmotive
• Gelb und grün (Zeile 5) • Mädchen mit der Sonne in den Augen (7) • Lucy (9) • Himmel (9) • Diamanten (9) • vorüberschweben (12) • Kopf in den Wolken (16)	• Boot auf einem Fluss (1) • Mandarinenbäume (2) • Kaleidoskop-Augen (4) • Cellophanblumen (5) • Brücke und Springbrunnen (10) • Schaukelpferd-Menschen; Marshmallow-Kuchen (11) • Taxis aus Zeitungspapier (14) • Zug und Bahnhof (19) • Plastilin-Männer mit Spiegel-Krawatten (20) • Drehkreuz (21)

Die Bildbeschreibung im engeren Sinne und die zusätzlichen Bildmotive fließen ineinander über und bilden letztlich eine Einheit. Gleichwohl macht die Gliederung in Strophen und Refrain einen Reiz des Songs aus: Nach ausufernden Fantasien in den Strophen kehrt der Text im Refrain zum vordergründigen Bildinhalt zurück, wie ihn Julian Lennon erfunden hat: „Lucy in the Sky with Diamonds".

Lucy in the Sky with Diamonds (in deutscher Übersetzung)

Zeichne dich selbst in einem Boot auf einem Fluss
mit Mandarinenbäumen und Marmeladenhimmeln.
Jemand ruft dich, du antwortest ganz langsam
einem Mädchen mit Kaleidoskop-Augen.
Gelbe und grüne Cellophanblumen
türmen sich über deinem Kopf.
Suche nach dem Mädchen mit der Sonne in den Augen
– und sie ist weg.
Lucy am Himmel mit Diamanten.

Folge ihr hinunter zu einer Brücke bei einem Springbrunnen,
wo Schaukelpferd-Menschen Marshmallow-Kuchen essen.
Jeder lächelt, als du an den Blumen vorüberschwebst,
welche so unglaublich hoch wachsen.
Taxis aus Zeitungspapier erscheinen am Ufer,
sie warten darauf, dich mitzunehmen.
Klettere auf den Rücksitz mit deinem Kopf in den Wolken
– und du bist weg.
Lucy am Himmel mit Diamanten.

Zeichne dich selbst in einen Zug auf dem Bahnhof,
mit Plastilin-Männern, die Spiegel-Krawatten tragen.
Plötzlich ist da jemand am Drehkreuz,
das Mädchen mit den Kaleidoskop-Augen.
Lucy am Himmel mit Diamanten.

Die These, dass Musik eher der Zeit und bildende Kunst eher dem Raum zugeordnet werden, ist vordergründig zu bestätigen. Der Song dauert 3:28 Minuten und umfasst mit seinen Tempowechseln eine aktive Ausgestaltung von Zeit.

- *Wie „zeitlos" ist …*
  a) das Bild von Julian Lennon?
  *b) das Bild, das laut Songtext durch den Hörer zu zeichnen ist (*Picture yourself …*)?*
- *Welches Medium könnte die Ideen aus dem Songtext treffend umsetzen?*

Das Bild von Julian Lennon als Gegenstand bleibt unverändert und wird lediglich in der Wahrnehmung zum Prozess, indem wir die einzelnen Motive nacheinander betrachten.
Das Bild, zu dessen Schöpfung der Songtext auffordert, ist hingegen sehr eng mit der Zeit verbunden. Nicht nur, dass die Motive nacheinander eingeführt werden; es handelt sich um ganze Szenen: eine Fluss-Szene, eine zirkusartige Szene und eine Szene am Bahnhof. Hierin kommt es mitunter zu Bewegungen, deren Tempo ausdrücklich vorgegeben ist (z. B. „… du antwortest ganz langsam", Zeile 3).

Das Geschehen, das der Songtext erzählt, könnte mit unterschiedlichen Medien dargestellt werden, naheliegenderweise als Film oder Theaterstück. Auch in einem PC-Game wären solche Szenen mit fantasievollen Kulissen und plötzlichem Auftauchen und Verschwinden der Figuren denkbar.

Weitere von bildender Kunst inspirierte Programmmusik

- Franz Liszt, *Die Hunnenschlacht* (nach Wilhelm von Kaulbach)
- Max Reger, *Böcklin-Suite* (nach Arnold Böcklin)
- Ottorino Respighi, *Trittico Botticelliano* (nach Sandro Botticelli)
- Paul Hindemith, *Engelkonzert* aus *Mathis der Maler* (nach Matthias Grünewald)
- Paul Dessau, *Guernica* (nach Pablo Picasso)

Flämische Kirmes – Planung einer Spielszene zu Brusselmans' Orchestersuite *Bruegel-Szenen* (1912)

	Beginn der Szene	Musikalische Merkmale	Idee zu einer Szene
Beispiel	1:58	– *laut; ganzes Orchester* – *Fanfare in den Blasinstrumenten* – *bewegte hohe Streichinstrumente* – *Beckenschläge*	– *feierlicher Auftritt des Bürgermeisters, auf Schultern getragen* – *um ihn herum Tänzerinnen, Trompeter* – *das Volk verneigt sich, applaudiert …*
1.			
2.			
3.			
4.			
5.			

Ausgewählte Szene: Nummer _____

Skizze zum szenischen Spiel bzw. zum Standbild

Kirmes für Auge und Ohr – im 16. Jahrhundert und heute

Pieter Bruegel d. Ä., *Die Kirmes von Hoboken* (1559)

1. *Kreist auf dem Bild mit einem farbigen Stift nacheinander alle Szenen ein, die ihr in der Musik von Michel Brusselmans wiedererkennt. Verbindet die eingezeichneten Kreise mit Pfeilen, sodass eine Reihenfolge ersichtlich ist. Vergleicht eure Ergebnisse.*

2. *Erinnert euch an euren letzten eigenen Besuch auf einem Jahrmarkt, Rummel o. Ä. und dokumentiert Bild und Ton aus dem Gedächtnis (Tabelle).*

	Erinnerungen (in Reihenfolge)	dortige Musik oder Klangkulisse
1.		
2.		
3.		
4.		

3. *In Brusselmans' Orchesterwerk gibt es sowohl Stellen im volkstümlichen Stil (z. B. Tanzmusik) als auch Musik, die so nicht auf einem Jahrmarkt erklingen würde, jedoch gewisse Stimmungen erzeugen soll. Bringt Musik mit, die euch ganz persönlich an die Gesamtstimmung eures Jahrmarktbesuchs erinnert, ohne dass sie für andere nach Jahrmarkt klingen muss.*

Wochenmarkt in einer französischen Kleinstadt

1. *Zeichnet in das Bild eine Marktszene, die zu Modest Mussorgskys Musik passt.*

2. *Begründet im Anschluss, welche Eigenschaften in der Musik euch zu der Zeichnung veranlasst haben.*

Parameter, z. B. Rhythmus, Melodik, Lautstärke	Beschreibung der betreffenden Stelle im Bild

Ungewöhnliche Rhythmen, reich instrumentiert – *Der Marktplatz von Limoges*

1. *Mussorgsky hat die Betonungen (Akzente) sehr eigenwillig gesetzt.*

a) Klatscht zur Musik gleichmäßig mit der rechten und der linken Hand abwechselnd auf eure Oberschenkel. Orientiert euch dazu an den eingezeichneten Händen.

b) Klatscht immer dann, wenn ein Akzent kommt (sf ital. = sforzato, dt. „verstärkt"), lauter. Übt dies zunächst langsam nach den Noten und steigert das Tempo bis zum Original.

c) Klatscht noch einmal ohne Mussorgskys Akzente. Wo würdet ihr selbst Akzente setzen? Vergleicht die Möglichkeiten miteinander.

2. *Der Komponist Maurice Ravel hat aus Mussorgskys Klavierstück eine Orchesterfassung gemacht. Erkennt an den drei markierten Stellen die Instrumente und schreibt sie auf.*

Stelle A	Stelle B	Stelle C

BS 2

Bewegung in Bildern und Musik – Von Marktfrauen und einer Ausstellung

Die Vorlage aus den Bildern einer Ausstellung von Viktor Hartmann ist nicht erhalten. Das abgedruckte Bild ist jedoch ebenfalls zu Mussorgskys Lebenszeit entstanden.

1. *Hört Mussorgskys* Marktplatz von Limoges *und betrachtet im Anschluss das Bild. Vergleicht, in welchem Medium sich die Dramatik des Streits lebendiger ausdrückt. Nennt dabei die Vor- und Nachteile beider Medien.*

Streitende Marktfrauen in Paris. Lithografie von 1862

M. Mussorgsky
Promenade: *Allegro giusto, nel modo russico, senza allegrezza, ma poco sostenuto*

Mussorgsky hat die Sätze seines Werks mit der sogenannten Promenade verbunden. Diese setzt den Gang durch die Ausstellung in Musik um. Seit der Entstehungszeit wird davon ausgegangen, dass der Komponist sich mit der *Promenade* selbst musikalisch dargestellt hat.

2. a) *Spielt die Melodie der* Promenade *auf einem Instrument.*
b) *Wenn ihr die Takte 1 und 2 durch Anhören oder Spielen gut im Ohr habt, spielt sie auf einem Tasteninstrument oder chromatischen Stabspiel und beginnt dabei mit dem Ton dis/es. (Die Reihenfolge der ersten drei Töne ist auf der Tastatur markiert.) Welcher Tonvorrat wird verwendet?*
c) *Hört oder spielt die Musik, während ihr durch eine Ausstellung geht. Nutzt dafür zum Beispiel eure eigenen Bilder von Marktszenen (Arbeitsblatt 7). Beschreibt die Wirkung der Musik, indem ihr auf die Art und Weise eures Gehens Bezug nehmt.*

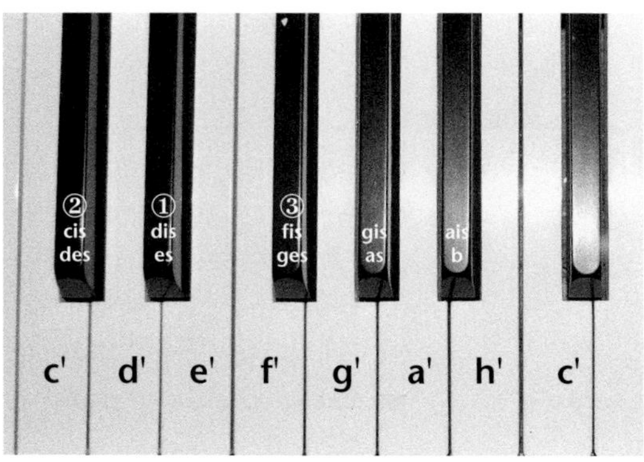

Ein Kinderbild für die Beatles

Titel des Bildes und des Songs:

Dieses Bild hat 1967 der knapp 4-jährige Julian Lennon seinem Vater John Lennon, dem Kopf der Gruppe *The Beatles*, überreicht. Das Bild und der Kommentar des Kindes inspirierten den Musiker zu einem weltberühmten Song.

1. *Bevor ihr erfahrt, welchen Titel Julian Lennon seinem Bild gegeben hat, betrachtet das Bild und die Umzeichnung eingehend und tauscht euch in Kleingruppen darüber aus.*
   a) Was ist zu sehen (welche Objekte, Formen, Farben etc.)?
   b) Wie ist das Bild formal gestaltet (wie sind Formen und Farben „komponiert"?) Markiert auf der Umzeichnung mit Bleistift, in welcher Beziehung und Ordnung die Dinge zueinander stehen.
   c) Wie kann das Bild interpretiert werden (ist eine Message *des Malers zu erkennen)?*
   d) Wie beurteilt ihr das Bild (bewegt es euch oder nicht; was gefällt und warum)?
   e) Wie würdet ihr dieses Bild in Musik umsetzen (Stil; Instrumente; Stimmung ...)?

The Beatles: Lucy in the Sky with Diamonds

1. *Singt den Song und findet über Klavier oder Gitarre hinaus passende Instrumente zur Begleitung.*

Lucy in the Sky with Diamonds

Text und Musik:
John Lennon und Paul McCartney

32 As7 Es B7 Cm (𝅗𝅥. = 𝅗𝅥) B Es As
Look for the girl with the sun in her eyes, and she's gone. Lu-cy in the sky with
Climb in the back with your head in the clouds, and you're gone.
38 B7 Es As B7 Es As
dia - monds, Lu-cy in the sky with dia - monds, Lu-cy in the sky with
42 B7 1. B 2. B D.S. 𝄋 al Coda
dia - monds, ah. ah.
Coda
45 𝄌 Dm
eyes.
47 (𝅗𝅥. = 𝅗𝅥) B Es As B7 Es As
Lu-cy in the sky with dia - monds, Lu-cy in the sky with
51 B7 Es As B7 B F Repeat and fade
dia - monds, Lu-cy in the sky with dia - monds, ah.

Baustein 3

Was heißt außermusikalisch? Literatur als Quelle für Programme

Literatur ist ein bedeutendes Medium für Programmmusik. Berühmte Werke wie *Harold in Italien* von Hector Berlioz, *Hamlet* von Franz Liszt oder *Till Eulenspiegels lustige Streiche* von Richard Strauss haben Bezüge zwischen Literatur und Musik entscheidend weiterentwickelt. Dabei konnten sie sich auf die weitaus ältere Geschichte der Vokalmusik beziehen, die unter anderem durch Instrumentierung, Melodik oder Dissonanzbehandlung bereits ein reiches Repertoire an Mitteln geschaffen hatte, um die Semantik der Literaturvorlagen zu unterstützen.

In diesem Baustein soll die besondere Qualität literaturbezogener Programmmusik erarbeitet werden. Sie besteht darin, dass hier bevorzugt Mittel verwendet werden, um ganz bestimmte Erzählmomente herauszuheben. Vor allem die musikalischen Leitmotive, die den Handlungsträgern und Vorgängen zugeordnet sind, ermöglichen beim Hören einen hohen Wiedererkennungswert der Handlung. Paul Dukas' *Der Zauberlehrling* und Alexander Zemlinskys *Die Seejungfrau* sind plastische Beispiele dafür, wie eng an Literatur entlangkomponiert werden kann. An ihnen sollen die Schüler praktisch und theoretisch die Strukturen von Literaturvorlage und Musik erfassen und die Wirkungen der Komposition als eigenständiges, die Sprache in sich tragendes Produkt reflektieren.

Die beiden Orchesterwerke bieten außerdem einen Einblick in die wohl bedeutendste musikalische Gattung der Programmmusik: die sinfonische Dichtung.

Ziele

- Die Schülerinnen und Schüler lernen praxisorientiert kompositorische Mittel kennen, mit denen Literatur in Musik umgesetzt wird.
- Sie erkennen hörend und im Notentext musikalische Leitmotive und können eine Auswahl von ihnen mit Instrumenten und der Stimme zum Klingen bringen.
- Sie können zugrunde liegende Lyrik und Prosa ausdrucksvoll vortragen und deren Wirkung neben jener der Programmmusik vergleichend beurteilen.
- Sie können mit Mitteln des szenischen (Puppen-)Spiels Strukturen der Musik erfassen und auf die Literaturvorlage beziehen.
- Sie kennen die sinfonische Dichtung als zentralen Typus orchestraler Programmmusik sowie zwei Beispiele aus der Zeit um 1900 in ihrem Kontext.

Die **Sinfonische Dichtung** ist eine Gattung der Programmmusik für Orchester. Sie ist einsätzig und hat in der Regel eine aussagekräftige inhaltsbezogene Überschrift (z. B. „Macbeth" von Richard Strauss). Zwar bezieht sie sich nicht ausschließlich auf Literatur, aber Franz Liszt als ihr Begründer wollte durch sie „eine innige Verbindung mit der Dichtkunst" schaffen. Damit ist zum einen die Dichtung als Inspirationsquelle gemeint und zum anderen die Vorstellung, dass Instrumentalmusik selbst eine Art „Dichtung in Tönen" sein könne. Sinfonische Dichtungen erschienen auch unter anderen Bezeichnungen wie „Tondichtung" oder „Fantasie-Ouvertüre".

Ein **Leitmotiv** ist eine melodisch-rhythmisch-harmonische Prägung, die vom Komponisten fest mit einer Bedeutung verknüpft wird. Sie taucht in dem betreffenden Werk immer wieder auf und dient dem Hörer als Wegmarke des Verständnisses.
Richard Wagner entwickelte die Leitmotiv-Technik und wandte sie vor allem in seinen Musikdramen an. Auch Paul Dukas und Alexander Zemlinsky haben mithilfe von Leitmotiven sehr lange Passagen aus einer scheinbar geringfügigen musikalischen Substanz geformt.

3.1 Paul Dukas, *Der Zauberlehrling* (1897)

Die Ballade *Der Zauberlehrling* wurde von Johann Wolfgang von Goethe 1797 in Weimar gedichtet. Sie handelt von einem Zauberlehrling, der in Abwesenheit des Meisters verbotenerweise Mächte hervorruft, die er nicht mehr bändigen kann. Die Struktur der Sprache ist bereits musikalisch: Außer der konsequenten Strophenform ist es die Lautmalerei (zum Beispiel die Zischlaute im Zusammenhang mit Wasser), die in den Bereich von formaler und akustischer Gestaltung der Musik verweisen.
Paul Dukas (1865–1935) griff die Ballade 100 Jahre nach ihrer Entstehung auf und komponierte eine Sinfonische Dichtung mit dem Titel *L'Apprenti Sorcier. Scherzo d'après une Ballade de Goethe*. Das Stück wurde sofort zum Welterfolg, blieb aber gewissermaßen ein „One-Hit-Wonder", dem Dukas Zeit seines Lebens kein ähnlich populäres Werk mehr zur Seite stellen konnte.
Über den Komponisten wird berichtet, dass er sehr introvertiert gewesen sei. Als Professor für Orchesterleitung habe er am Pariser Konservatorium erhebliche Disziplinprobleme gehabt. Es ist daher nicht ausgeschlossen, dass das Thema des hilflosen Lehrlings den Komponisten auch aufgrund des eigenen Lebensgefühls zur Auswahl dieser Ballade bewogen hat.
Das Stück steht durch seine klar strukturierte Leitmotiv-Technik und die sehr differenzierte Ausgestaltung der dramatischen Steigerung dem Genre der späteren Filmmusik nahe. In gekürzter Fassung fand es dann auch Eingang in die Tonspur von Disneys oscargekürtem Film *Fantasia* (1940), wodurch der Bekanntheitsgrad von Dukas' *Zauberlehrling* abermals anstieg.

a) Verständnis und Vortrag des Balladentextes und Umsetzen des Zauberspruchs in Musik (Arbeitblätter 12 und 13, S. 58 und 59)

Für die Arbeit mit der Musik ist es wichtig, dass der Text nicht nur in seinem Handlungsverlauf verstanden, sondern auch dynamisch vorgetragen wird. Die Aufgaben des Arbeitsblattes 13 berühren beide Bereiche sowie die Interpretation des Gedichts auf der Basis eigener Lebenserfahrungen.

1. *Lest die Ballade laut und notiert links neben dem Text, wer wohl gerade der Sprecher sein soll und an wen die Worte gerichtet sind.*
2. *Wer sind die vier Handlungsträger der Ballade?*

Träger der Handlung sind der Zauberlehrling, sein Meister und der Besen, daneben auch das Wasser als passives, aber bedrohliches Element. Allen vieren werden bei Dukas musikalische Leitmotive zugewiesen. Der Zauberlehrling hat die Hauptrolle, er spricht fast durchgehend: zu sich selbst (Beginn), zum Publikum („Seht", Z. 29), zum Besen („Stehe!", Z. 37) zum Himmel („ihr hohen Mächte!", Z. 84) und zum Meister („Herr", Z. 90). Erst in der letzten Strophe ergreift der Hexenmeister das Wort in Richtung der Besen.
Gemeinsam mit den Schülern lässt sich darüber spekulieren, wie die noch ausstehenden Worte des Meisters zu seinem Lehrling ausfallen würden.

3. *Fasst die Moral der Ballade in einem Satz zusammen.*

4. *Tauscht euch darüber aus, ob ihr dieser Moral (siehe 3.) uneingeschränkt zustimmt oder nur in Bezug auf bestimmte Bereiche des Lebens.*
Nennt ggf. Beispiele aus eurer eigenen Erfahrung.

Offenbar geht es in der Ballade um zweierlei Autoritäten: die Zauberkunst und den Meister. Mit den eigenen Versuchen versteigt sich der Lehrling in beide Anmaßungen. Nach dieser Interpretation sollte man also weder Künste betreiben, die man nicht beherrscht, noch sich mit seinem Meister auf eine Stufe stellen, indem man ihn über das genehmigte Maß hinaus imitiert.

Die Schüler werden von aktuelleren pädagogischen Auffassungen geprägt sein, die selbstständiges, entdeckendes Lernen höher einstufen als allzu autoritäre Reglementierungen. Somit dürfte nach Schülererfahrungen zwar Respekt vor gefährlichen Situationen, etwa im Straßenverkehr, im Chemie-Raum oder beim Umgang mit Feuerwerkskörpern bestehen; dagegen sind gelegentliche Regelverstöße am Computer oder in schulischen Nebenfächern vermutlich kein Tabu mehr.

5. *Bereitet euch auf einen ausdrucksstarken Vortrag der Ballade vor, indem ihr rechts neben dem Text Stichpunkte zu*
– Gemütszustand (z. B. begeistert oder verzweifelt)
– Sprechtempo (z. B. sehr ruhig oder hektisch)
– Lautstärke (z. B. leise oder etwas lauter)
notiert, die euch in der jeweiligen Strophe passend erscheinen. Sprecht den Text vor der Klasse.

6. *Sprecht den Zauberspruch („Walle, walle …") gesondert und wählt dafür eine passende Sprachmelodie. Findet geeignete Klänge und Geräusche, um das Beschwörende der Worte zu unterstützen. Bezieht dabei sowohl die verfügbaren Musikinstrumente und Stimmen als auch Alltagsgegenstände des Musikraumes mit ein. Organisiert die Musik mittels einer Partitur.*

Die Kategorie „Gemütszustand" und die Ausdrucksmittel Lautstärke und Tempo rekonstruieren die innere Entwicklung des Protagonisten. Als Handwerkszeug strukturieren sie die Präsentation des Gedichts vor. Bei verteilten Rollen empfiehlt es sich, pro Rolle mindestens eine deutliche Veränderung lesen zu lassen.
Gemäß den kindlichen Erfahrungen mit „Abrakadabra"-Sprüchen und dem Zauberer-Epos „Harry Potter" wird der Zauberspruch des Lehrlings eindringlich und monoton gesprochen werden. Im Musikraum können sehr tiefe Klaviertöne mit Pedal und ein gemeinsames Summen diese Stimmung begleiten. Perkussionsinstrumente eignen sich wohl eher für die Gestaltung der Steigerung zum Ende des Zauberspruchs hin.

Vertonung des Zauberspruchs (Beispiel)

	Walle! Walle manche Strecke,	*dass zum Zwecke Wasser fließe,*	*und mit reichem vollen Schwalle*	*zu dem Bade sich ergieße!*
Instrument/ Stimme 1	Klavier: tiefe Töne	einzelne gezupfte Saiten		am Ende mit ganzer Hand auf tiefe Tasten

b) Hören der Komposition von Paul Dukas: Erkennen der Hauptcharaktere in den musikalischen Motiven (Arbeitsblatt 14, S. 60)

Hörbeispiel 13 u. 14:	Paul Dukas: Der Zauberlehrling (Beginn), Dauer: 2:12 und 2:00
Hörbeispiel 17:	Paul Dukas: Der Zauberlehrling (Schluss), Dauer: 1:35

Ohne zuvor die Partitur zu studieren, hören die Schüler Ausschnitte der Musik und versuchen dabei, auf der Grundlage ihrer Kenntnisse der Ballade die Handlungsträger zu identifizieren. Sie bereiten vier einfache Schilder vor und halten das passende hoch, wenn sie es zu erkennen glauben.

1. Zauberlehrling	2. Besen	3. Hexenmeister	4. Wasser

Es eignen sich für die Handlungsträger des Zauberlehrlings (1.), des Besens (2.) und des Wassers (4.) die ersten vier Minuten des ca. 11-minütigen Stücks (bis zur Wende vom ersten Erfolgserlebnis zum Kontrollverlust) sowie die letzten eineinhalb Minuten für den Auftritt des Hexenmeisters (3.).

Bei dieser Aufgabe geht es nicht um ein einheitliches Ergebnis, sondern um die Sensibilisierung für eine von Leitmotivik geprägte Komposition. An Stellen, welche die Schülerinnen und Schüler zu sehr verschiedenen Zuordnungen anregen, sollten die jeweiligen Vorschläge begründet und bei mehrfachem Hören aufeinander bezogen werden.

Die von Dukas komponierten Motive sind nun im Einzelnen zu hören, mithilfe der Noten (**Arbeitsblatt 14, S. 60**) zu beschreiben und zum Teil nachzuspielen. Dabei wird noch zwischen dem Zauberlehrling als Figur und dessen Zauberspruch differenziert, sodass insgesamt fünf Motive abgedruckt sind.

Hörbeispiel 18:	Motiv des Zauberlehrlings, Dauer: 0:09
Hörbeispiel 19:	Motiv des Zauberspruchs, Dauer: 0:11
Hörbeispiel 20:	Motiv des Besens, Dauer: 0:09
Hörbeispiel 21:	Motiv des Hexenmeisters, Dauer: 0:16
Hörbeispiel 22:	Motiv des Wassers, Dauer: 0:10

1. *Hört jedes Motiv mehrfach an und beschreibt seine Eigenschaften mithilfe der Noten.*
2. *Klopft den Rhythmus des Zauberlehrling-Motivs auf dem Tisch.*
3. *Spielt das Besen-Motiv auf einem chromatischen Glockenspiel.*
4. *Paul Dukas hat charakteristische Instrumente gewählt, um die einzelnen Leitmotive noch besser voneinander zu unterscheiden. Tragt diese Instrumente bzw. die Instrumentengruppen in die freien Felder ein.*

Leitmotive und ihre Eigenschaften			
Motiv		**Kommentar**	**Instrumente**
1a	Zauberlehrling	Kennzeichen: staccato; Chromatik abwärts; tänzerischer 3/8-Rhythmus. Übung: Der Rhythmus wird (ohne Vorschlagsnoten) mit einer oder beiden Händen nachgeklopft.	Holzbläser
1b	Zauberspruch	Kennzeichen: auf nur zwei Töne reduzierte Melodie; in Verbindung mit dem Rhythmus fanfarenartige Wirkung	Blechbläser
2	Besen	Kennzeichen: tiefe Lage; wiederholende Melodiebewegungen im begrenzten Raum einer Quarte; unscheinbar heiterer Rhythmus Übung: Auf chromatischen Glockenspielen die abgedruckte Melodie spielen (einziger alterierter Ton: as); accelerieren.	Fagott
3	Hexenmeister	Kennzeichen: Rhythmus und Melodie ähnlich wie 1b, aber volle Akkorde im *ff*, danach Stille	Tutti
4	Wasser	Kennzeichen: Melodie hoch angesetzt, in Kleinterzen herabfallend; Bewegung wie kleine „Wellen"	Streicher

Hörbeispiel 13: Paul Dukas: Der Zauberlehrling (Beginn), Dauer: 2:12

Der Beginn der sinfonischen Dichtung, bei dem alle Handlungsträger bis auf den Hexenmeister schon auftreten, ist nach dem Erschließen der Einzelmotive noch einmal im Zusammenhang mit dieser Intention zu hören:

- *Welche Motive erklingen hier wie auf Arbeitsblatt 14 und wo sind Abweichungen hörbar?*

→ Das Besen-Motiv erklingt hier zu Beginn, vor dem Zauberspruch, noch unrhythmisiert. (Mögliche Deutung: Der Besen ruht.)
→ Das Zauberlehrling-Motiv erklingt hier in extrem hohem Tempo. (Mögliche Deutung: Der Lehrling ist begeistert von seinem Vorhaben.)

c) Bau von einfachen Besen-Marionetten. Szenisches Puppenspiel zu ausgewählten Stellen der Musik (Arbeitsblätter 15 und 16, S. 61 und 62)

Schlüsselszenen in Dukas' *Zauberlehrling* sind diejenigen, in denen der Besen zum Leben erweckt wird bzw. die Teilstücke nach den Beilhieben erneut erwachen. Die Entwicklung aus der Stille über einzelne Fragmente hin zur unerbittlich voranschreitenden Melodie des Besens ist ein Musterbeispiel musikalischer Gebärdensprache. Mit schlichten, selbst gebauten Marionetten wird diese Entwicklung nachgespielt.
Der Bau einer Besen-Marionette wird auf Arbeitsblatt 15 angeleitet. Wenn die Bohrung der Pinsel und der Längenzuschnitt der Stäbchen von Lehrerseite vorbereitet werden kann, nimmt der eigentliche Bau nur einen kurzen Teil der Musikstunde ein.

1. *Experimentiert mit euren Besen-Marionetten, indem ihr geeignete Liege-Positionen findet und mit Bewegungen des Aufstehens, Laufens und Springens spielt.*
2. *Spielt zur Musik das erste Erwachen des Besens, das durch den Zauberspruch des Lehrlings hervorgerufen wird.*

Hörbeispiel 14: Paul Dukas: Der Zauberlehrling – Der Besen erwacht, Dauer: 2:00

Die Marionetten sind auf Rückgrat (Pinsel) und Schultern/Arme (Querstab) reduziert. Das Spiel des Aufstehens wird sich auf die Schultern/Arme konzentrieren. Das Laufen auf dem Besenhaar-(Pinselhaar-)bereich muss mit der schlackernden Figur insgesamt koordiniert werden. Herausgearbeitet werden sollte

- das Synchronisieren des „ersten Zuckens", das noch scheinbar rhythmisch frei ist, und
- die Metrik in der Hauptmelodie des Besens. Schwerpunkt ist immer die erste Zählzeit der 3/8-Takte.

3. *Spielt zur Musik das Erwachen, nachdem der Zauberlehrling mit Beilhieben aus einem Besen mehrere gemacht hat. Erprobt dabei in Gruppenarbeit, an welcher Stelle der Musik sich weitere Besen hinzugesellen. Präsentiert euer Ergebnis den anderen Gruppen.*

Hörbeispiel 16: Paul Dukas: Der Zauberlehrling – Mehrere Besen erwachen, Dauer: 2:29

Diese Szene ist als Fuge komponiert. Hörbar ist, dass das Thema des Fagotts nach 24 Takten zusätzlich in der Bass-Klarinette erklingt. Im weiteren Verlauf erfolgen viele Themeneinsätze, die als weitere Vermehrung der Besen interpretiert werden können.

4. *Das Tempo der Musik ändert sich in beiden Szenen zunächst nicht. Sucht nach Marionetten-Spielbewegungen, mit denen die Dramatik der Szene bei gleichbleibendem Tempo gesteigert werden kann. Notiert diese.*

Es bietet sich an, entweder die Dramatik durch größere oder seitlich weiter ausgreifende Sprungbewegungen der Marionette darzustellen oder durch die Monotonie unveränderter Bewegungen gerade die Unerbittlichkeit zu betonen.

d) Rhythmus-Übung (Mitspielsatz) zu einer Schlüsselszene (Arbeitsblatt 16, S. 62)

Die letzten Aufrufe des verzweifelten Zauberlehrlings und seine Hiebe, mit denen er den Besen teilt, sind von Dukas besonders plastisch in Musik umgesetzt worden. In der drastischen Steigerung vor den Beilhieben bleibt die Form klar: drei melodisch ähnliche Gruppen mit je 24 Takten bereiten den Höhepunkt vor. Den Melodiephrasen kann die entsprechende Textstelle Goethes fast wörtlich unterlegt werden, sodass ein Mitsprech- und Mitspielsatz diese besondere Passage der Komposition für die Praxis zugänglich macht (Arbeitsblatt 16).

Hörbeispiel 15: Paul Dukas: Der Zauberlehrling – Beilszene für Mitspielsatz, Dauer: 0:40

1. *Sprecht zur CD den Text des verzweifelten Zauberlehrlings im Rhythmus des notierten Mitspielsatzes und schlagt am Ende genau zu den vier „Beilhieben" (laute Schläge des ganzen Orchesters) mit der Hand kräftig auf den Tisch.*

Der Rhythmus dieses Mitspielsatzes ist vereinfacht, entspricht aber dem Verlauf des Originals und ist für Schülerinnen und Schüler besser verständlich. Beim Sprechen sollte auf Artikulation geachtet werden. Ein *crescendo* über den gesamten Abschnitt bietet sich an und wird vermutlich durch die Steigerung auf der CD-Aufnahme automatisch ins Sprechen übernommen.

Wenn die Schüler auch die Szene der erwachenden Besen erarbeitet haben sollten (Arbeitsblatt 15, *Bau einer Besen-Marionette*), kann das Mitsprechen und -schlagen mit der direkt anschließenden Szene gemeinsam zur Aufführung gebracht werden.

2. *Umkreist in der abgedruckten Hauptstimme der Blechbläser das c'' als Ausgangston. Findet den nächsthöheren Ton, der danach erreicht wird, und markiert diesen ebenfalls usw. Welche Art von melodischer Linie ergibt sich aus den markierten Tönen? In welchen zeitlichen Abständen folgen die nächsthöheren Töne aufeinander?*

Zu markieren ist eine chromatische Leiter, die von c'' bis b'' hinaufreicht. Der Anstieg verdichtet sich von anfänglich 19 Takten Abstand (c–cis'') zu nur 3 Takten (e''–f''–fis''–g'').

3. *Untersucht die Hauptstimme der Blechbläser nach weiteren Mitteln der dramatischen Steigerung und notiert diese, gemeinsam mit den in Aufgabe 2 genannten, schriftlich.*

Mittel der dramatischen Steigerung in Paul Dukas' *Der Zauberlehrling*

- Aufsteigende chromatische Linie
- Verkürzung der Abstände, in denen die Linie ansteigt
- Dynamik: vom *mf* über *sempre piú f* zum *ff*
- Tempobezogene Vortragsbezeichnungen: *Toujours plus animé* und *Très vif*

Mit dem Auftritt des Hexenmeisters endet das Stück. Dem lauten Zauberspruch, der dem Spuk ein Ende bereitet, folgen in einer langsamen *coda* noch verschiedene Motive nach, welche von den Schülern teils erkannt, teils geahnt werden können: zuerst zwei letzte Töne der ersterbenden Besen, dann das ausplätschernde Wasser, schließlich eine klagendes Melodiefragment des Zauberlehrlings in der Viola.

3.2 Alexander Zemlinsky, *Die Seejungfrau* (1902/03)

Alexander Zemlinsky (1871–1942) wurde in Wien geboren und hatte dort auch seine ersten Erfolge als Pianist, Dirigent und Komponist. 29-jährig lernte er im Wiener Musikverein Alma Schindler kennen, die seine Schülerin wurde. Das Verhältnis entwickelte sich über den Unterricht hinaus zu einer Liebesbeziehung, die Zemlinsky Hoffnung auf eine Heirat gab. Für ihn völlig überraschend kam jedoch die Nachricht von der Verlobung Almas mit dem deutlich älteren Hofoperndirektor Gustav Mahler. Nur wenige Wochen später begann Zemlinsky, der seiner Liebschaft noch jahrelang nachtrauern sollte, mit der Komposition einer sinfonischen Dichtung: *Die Seejungfrau*. Die Entscheidung für gerade diesen Stoff wird häufig in engem Zusammenhang mit den autobiografischen Ereignissen gesehen.
Zemlinskys Vorlage *Die kleine Meerjungfrau* stammt von Hans Christian Andersen (1805–1875), der sich wiederum an dem mythischen jungfräulichen Wassergeist Undine orientierte. In Andersens Kunstmärchen rettet die kleine Meerjungfrau einen Schiffbruch erleidenden Prinzen und verliebt sich in ihn. Verzweifelt über dessen Unerreichbarkeit, schließt sie den Pakt mit einer Meerhexe: Sie erhält menschliche Beine und darf an Land

gehen, um die Liebe des Prinzen zu erringen. Als Preis dafür bezahlt sie mit ihrer wunderschönen Stimme – und mit dem Leben, falls sie scheitert. Der Prinz fühlt sich zwar liebevoll zu dem stummen Mädchen hingezogen, hält aber eine andere Frau für seine Retterin und heiratet diese. Einen Dolch, welcher der Meerjungfrau vor der Hochzeitsnacht zugespielt wird, will sie nicht gebrauchen. Am Morgen muss die Meerjungfrau sterben. Für ihre Aufopferungsbereitschaft wird sie jedoch in den Kreis der Luftgeister aufgenommen.
Das ausführliche Programm, das Zemlinsky zu seinem Werk verfasst hat, ist nicht erhalten. Allerdings ist an manchen Stellen der Kompositionsskizzen notiert, welche Textstellen des Märchens gemeint sind. Dem Werk ist außerdem eine Tabelle mit den musikalischen Motiven der Seejungfrau, des Meeresbodens, der Menschenwelt etc. vorangestellt.

a) Erschließen von Märchenhandlung und Komponistenbiografie

Zusammenhänge zwischen der Märchenhandlung und dem Leben Zemlinskys lassen sich schon angesichts der oben skizzierten biografischen Fakten vermuten. Demnach scheint die aufopferungsbereite, scheiternde Seejungfrau für Zemlinsky eine Identifikationsfigur gewesen zu sein. Da biografische Angaben wie auch das Märchen im deutschen Volltext im Internet einsehbar sind, können weitere Aspekte zusammengetragen werden, etwa als einleitende Hausaufgabe. Zu nennen ist:

Gemeinsamkeiten von Andersens Märchen und Zemlinskys Leben	
Andersen, *Die kleine Meerjungfrau*	**Biografie Alexander Zemlinskys**
Zu Beginn hilft die Meerjungfrau dem Prinzen in der Not.	Zemlinsky hat als Lehrer von Alma zunächst die Rolle des Helfenden.
Die Meerjungfrau bleibt als Retterin verkannt.	Zemlinsky fühlt sich von Alma als Künstler nicht angemessen wertgeschätzt, denn sie bevorzugt die Werke Gustav Mahlers.
Für die Meerjungfrau würde die Verbindung mit dem Prinzen ein gesellschaftlicher Aufstieg bedeuten.	Alma verkehrt seit Jugendjahren ständig in der höheren Gesellschaft Wiens, Zemlinsky hingegen nur selten.
Die Meerjungfrau liebt den Prinzen über alles und ist bereit, für ihre Liebe Qualen zu erleiden.	Zemlinsky liebt Alma abgöttisch; nach der Bekanntgabe ihrer Verlobung mit Mahler fühlt er sich gedemütigt und gequält.

b) Hörendes Erkennen des *Seejungfrau*-Leitmotivs (Original und Fälschung) (Arbeitsblatt 17, S. 63)

Hörbeispiel 24:	Motiv der Seejungfrau, Violine mit Orchester, Dauer: 0:29
Hörbeispiel 25:	Motiv der Seejungfrau, Violine solo (A: Variante 1), Dauer: 0:14
Hörbeispiel 26:	Motiv der Seejungfrau, Violine solo (B: Original), Dauer: 0:15
Hörbeispiel 27:	Motiv der Seejungfrau, Violine solo (C: Variante 2), Dauer: 0:14

1 *Hört zunächst das Leitmotiv der* Seejungfrau *in der originalen Passage der Solovioline und anschließend drei unterschiedliche Melodien. Erkennt das Original.*

2. *Hier sind alle drei gehörten Varianten der Melodie abgedruckt. Benennt die Unterschiede und leitet daraus die Besonderheiten des Originals ab. Notiert diese in der Tabelle.*

Unter den drei separat eingespielten Varianten soll das Original (Hörbeispiel B = 26) als übereinstimmend mit der Orchesterfassung erkannt werden. In Hörbeispiel A (25) fehlen die Chromatik und die rhythmischen Punktierungen. Hörbeispiel C (27) weicht durch die Melodierichtung, den fehlenden Melodiesprung der Sexte und den Schlusston vom Original ab. Mithilfe der Noten werden diese Unterschiede benannt und dadurch die Besonderheiten des originalen *Seejungfrau*-Motivs herausgestellt.

Besonderheiten des originalen *Seejungfrau*-Leitmotivs

Musikalischer Gesichtspunkt:	Besonderheiten des Leitmotivs:
Vorherrschende Melodierichtung	*aufwärts*
Herausstechendes Intervall	*Zweimaliger Sprung einer großen Sexte. Auch: Chromatik*
Stufe, auf welcher das Motiv endet (in A-Dur)	*V. Stufe*
Rhythmisch besondere Stellen	*Punktierungen im 2. und 3. Takt*
[weiteres:]	*z. B. langer Phrasierungsbogen im ersten Teil; Umspielung des Schlusstones*

3. *Findet im Internet noch andere Bilder (außer Seejungfrauen), die nach eurem Empfinden zu dem originalen Leitmotiv der* Seejungfrau *passen. Druckt diese aus und schreibt deren Wirkung auf. Bringt Bilder und Text mit in den Musikunterricht.*

Hinweis zur Umsetzung: Hierfür ist entweder ein Raum mit Internet-Zugängen oder eine Zeitangabe notwendig, mit der die Schüler die Stelle des *Seejungfrau*-Motivs in einer online verfügbaren Aufnahme finden (üblicherweise ca. um Minute 2:00).

Mittels der Bilder kann die Wirkung des *Seejungfrau*-Leitmotivs leichter benannt werden, wobei die Vielfalt der Zuordnung ihren Platz haben darf. Erfahrungsgemäß werden sich bei den Beschreibungen der mitgebrachten Bilder Begriffe wie „zart“, „klein“, „niedlich“, „verliebt“, „begeistert“ bündeln (vergleiche dazu die Spielanweisung bei Zemlinsky: *Langsam, ungemein zart*). Idealerweise werden diese Begriffe von den Schülern auf bestimmte Gesichtspunkte des *Seejungfrau*-Leitmotivs bezogen.

c) Musizieren eines Unterwasser-Klangteppichs mit den Motiven aus der Komposition Zemlinskys (Arbeitsblatt 17, S. 63)

4. *Übt die folgenden drei musikalischen Bausteine aus Zemlinskys Orchesterstück* Die Seejungfrau *und fügt sie zu einer Collage zusammen, die den Klang des Meeres darstellen soll.*

Hörbeispiel 23: Alexander Zemlinsky: Die Seejungfrau (Beginn), Dauer: 2:03

In dem Orchesterstück erscheinen Meeresboden-Leitmotiv und Bordun als Ostinato. Das Wellenschaum-Leitmotiv ist eigentlich in doppeltem Tempo notiert; es beginnt mitten im Takt und wird von verschiedenen Instrumenten durch die Partitur gereicht, wobei es später zunehmend zu Überlagerungen der Stimmeinsätze kommt. Beim Klassenmusizieren soll mit genau diesen Stimmeinsätzen experimentiert werden: Das Wellenschaum-Leitmotiv setzt entweder streng im gemeinsamen 3/2-Takt oder aber um eine bis zwei halbe Noten verschoben ein. Auch ganz freie Einsätze in beliebigen Tempi könnten eine interessante Wirkung erzielen. Dabei soll das Ostinato mit Instrumenten und Stimmen jedoch streng im Takt bleiben und so den festen Meeresboden darstellen.

d) Analyse der musikalischen Sturmszene und Textarbeit am Märchen (Arbeitsblatt 18, S. 64)

Hörbeispiel 28: Alexander Zemlinsky: Die Seejungfrau – Seesturm, Dauer: 0:49

1. *Ihr hört einen Ausschnitt aus der Szene des Seesturms in Zemlinskys Orchesterstück. Zeichnet mit farbigem Stift in das unten stehende Raster eine Verlaufskurve, die den Gefahrenpegel des Sturms anzeigen soll. Achtet dabei auf die 10-sekündigen Abschnitte, die euer Lehrer signalisiert.*

2. *Notiert unter die betreffenden Zeitpunkte der Grafik die auffallenden Instrumente und kompositorischen Mittel. Fasst zusammen, welche Eigenschaften der Musik offenbar eine Änderung des „Gefahrenpegels" ausdrücken können. Vergleicht eure Ergebnisse miteinander.*

Der Weg zur Höranalyse erfolgt hier über die subjektive Wahrnehmung der dramatischen Steigerung in dieser musikalischen Passage. Damit die aufgezeichneten Verlaufskurven später vergleichbar sind, muss der Lehrende die Zeitpunkte 10 – 20 – 30 – 40 (Sekunden) an den genauen Stellen entweder ansagen oder akustisch bzw. durch Bewegung anzeigen. Der Anstieg in Instrumentierung, Dynamik, Phrasierung und Tonhöhen sowie eine entsprechende Verringerung vor der endgültigen Steigerung zum Orchesterschlag ergeben eine grobe Wellenbewegung. Eine Auswahl möglicher herauszuhörender Instrumente und kompositorischer Mittel ist diese:

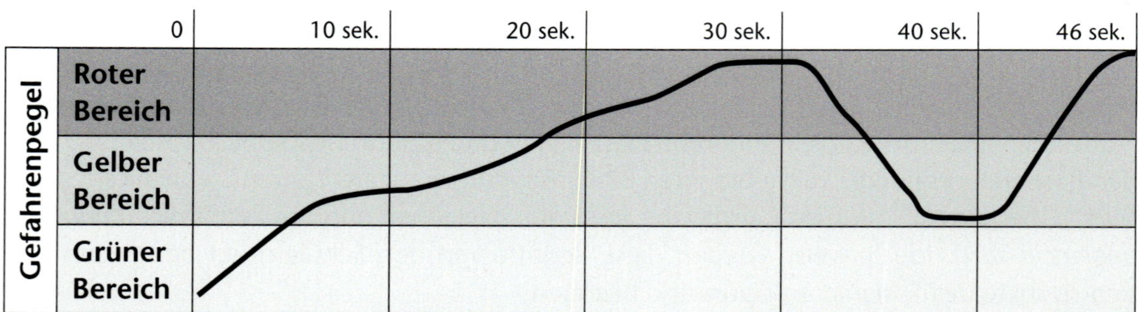

	0–10 sek.	10–20 sek.	20–30 sek.	30–40 sek.	40–46 sek.
Instrumente	*Geigen + Blechbläsergruppen im Wechsel*	*dazu: Pauken*	*Becken und Piccoloflöten*		*tutti*
Kompositorische Mittel	*Fanfaren-Melodien*	*höher und lauter werdend, immer kürzere Abschnitte*	*bewegte Melodien*	*Lautstärke und Tonhöhe abnehmend*	*Leiter aufwärts, Orchester-Schlag*

3. *Oben abgedruckt ist die Textstelle, an der Hans Christian Andersen von dem Seesturm erzählt, den die Meerjungfrau beobachtet, bevor sie eingreift. Erweitert den Text im vorgegebenen Stil, beispielsweise mit weiteren Beschreibungen des*

Meeres und des Schiffbruchs oder dem Schicksal der Besatzung und des Prinzen. Passt den erweiterten Text an die Länge der komponierten Sturmszene (46 Sekunden) an und tragt ihn in der Art einer Hörspielszene gemeinsam mit der Musik vor.

Das Vorlesen des gegebenen Textabschnitts dauert etwa halb so lang wie die Musik, sodass sich die Schüler beim Verfassen an diesem Umfang orientieren können. Erweiterungen am Ende sind ebenso möglich wie Einfügungen und Umstellungen. Zu achten ist auf die Vergangenheitsform und eine bildreiche Sprache. Eine Zuspitzung zum Ende hin empfiehlt sich mit Blick auf die zuvor erarbeitete musikalische Dramatik.

Der gestaltende Umgang mit Text und Musik legt nahe, dass das Verhältnis von Literatur und Musik abschließend noch einmal grundsätzlich reflektiert wird. Schon immer ist über die „Vorherrschaft" von Musik oder Wort gestritten worden. Richard Strauss als Komponist etwa bezog 1907 ganz eindeutig Position: „Wo es Musik gibt, muss sie alles mit sich fortreißen; sie darf nicht hinter der Dichtung kommen."[1]
In Bezug auf die Texte und die Musik zum Meeressturm stellt sich demnach die Frage, welches Medium die Schüler hier als mitreißender beurteilen. Argumente für die Musik dürften sich um die gewaltige Klangfülle des Orchesters bündeln, während man am Text würdigt, dass er die möglicherweise drastischen Vorgänge und Schicksalsschläge an Bord konkret erfassen und entsprechende Bilder beschreiben kann.

Weitere durch Literatur inspirierte Programmmusik

- Johann Kuhnau, *Biblische Historien, Der Streit zwischen David und Goliath*
- Franz Liszt, *Mazeppa* (1850, nach Victor Hugo)
- Nikolai Rimski-Korsakow, *Scheherazade* (nach *Tausendundeine Nacht*)
- Edvard Grieg, *Peer Gynt Suite* (nach Henrik Ibsen)
- Arnold Schönberg, *Verklärte Nacht* (nach Richard Dehmel)

1 zitiert nach: Anita Kolbus: Maeterlinck, Debussy, Schönberg und andere: Pelléas et Mélisande – Zur musikalischen Rezeption eines symbolistischen Dramas, Hamburg 2001, S. 278

Johann Wolfgang von Goethe, *Der Zauberlehrling*

Hat der alte Hexenmeister
Sich doch einmal wegbegeben!
Und nun sollen seine Geister
Auch nach meinem Willen leben.
Seine Wort' und Werke
Merkt ich und den Brauch,
Und mit Geistesstärke
Tu ich Wunder auch.

Walle! walle
Manche Strecke,
Dass, zum Zwecke,
Wasser fließe
Und mit reichem, vollem Schwalle
Zu dem Bade sich ergieße.

Und nun komm, du alter Besen!
Nimm die schlechten Lumpenhüllen;
Bist schon lange Knecht gewesen:
Nun erfülle meinen Willen!
Auf zwei Beinen stehe,
Oben sei ein Kopf,
Eile nun und gehe
Mit dem Wassertopf!

Walle! walle
Manche Strecke,
Dass, zum Zwecke,
Wasser fließe
Und mit reichem, vollem Schwalle
Zu dem Bade sich ergieße.

Seht, er läuft zum Ufer nieder,
Wahrlich! ist schon an dem Flusse,
Und mit Blitzesschnelle wieder
Ist er hier mit raschem Gusse.
Schon zum zweiten Male!
Wie das Becken schwillt!
Wie sich jede Schale
Voll mit Wasser füllt!

Stehe! stehe!
Denn wir haben
Deiner Gaben
Vollgemessen! –
Ach, ich merk es! Wehe! wehe!
Hab ich doch das Wort vergessen!

Ach, das Wort, worauf am Ende
Er das wird, was er gewesen.
Ach, er läuft und bringt behände!
Wärst du doch der alte Besen!
Immer neue Güsse
Bringt er schnell herein,
Ach! und hundert Flüsse
Stürzen auf mich ein.

Nein, nicht länger
Kann ich's lassen;
Will ihn fassen.
Das ist Tücke!
Ach! nun wird mir immer bänger!
Welche Miene! welche Blicke!

O, du Ausgeburt der Hölle!
Soll das ganze Haus ersaufen?
Seh ich über jede Schwelle
Doch schon Wasserströme laufen.
Ein verruchter Besen,
Der nicht hören will!
Stock, der du gewesen,
Steh doch wieder still!

Willst's am Ende
Gar nicht lassen?
Will dich fassen,
Will dich halten
Und das alte Holz behände
Mit dem scharfen Beile spalten.

Seht, da kommt er schleppend wieder!
Wie ich mich nur auf dich werfe,
Gleich, o Kobold, liegst du nieder;
Krachend trifft die glatte Schärfe.
Wahrlich! brav getroffen!
Seht, er ist entzwei!
Und nun kann ich hoffen,
Und ich atme frei!

Wehe! wehe!
Beide Teile
Stehn in Eile
Schon als Knechte
Völlig fertig in die Höhe!
Helft mir, ach! ihr hohen Mächte!

Und sie laufen! Nass und nässer.
Wird's im Saal und auf den Stufen.
Welch entsetzliches Gewässer!
Herr und Meister! hör mich rufen! –
Ach, da kommt der Meister!
Herr, die Not ist groß!
Die ich rief, die Geister
Werd ich nun nicht los.

„In die Ecke,
Besen! Besen!
Seids gewesen.
Denn als Geister
Ruft euch nur, zu seinem Zwecke,
Erst hervor der alte Meister."

(Aus: Johann Wolfgang von Goethe, Werke, Hamburger Ausgabe in 14 Bänden, hrsg. von Erich Trunz, C. H. Beck, München 1974)

Johann Wolfgang von Goethe, *Der Zauberlehrling* (Textarbeit)

1. *Lest die Ballade laut und notiert links neben dem Text, wer wohl gerade der Sprecher sein soll und an wen die Worte gerichtet sind.*

2. *Wer sind die vier Handlungsträger der Ballade?*

1.	
2.	
3.	
4.	

3. *Fasst die Moral der Ballade in einem Satz zusammen.*

4. *Tauscht euch darüber aus, ob ihr dieser Moral (siehe 3.) uneingeschränkt zustimmt oder nur in Bezug auf bestimmte Bereiche des Lebens. Nennt ggf. Beispiele aus eurer eigenen Erfahrung.*

5. *Bereitet euch auf einen ausdrucksstarken Vortrag der Ballade vor, indem ihr rechts neben dem Text Stichpunkte zu*
- *Gemütszustand (z. B. begeistert oder verzweifelt)*
- *Sprechtempo (z. B. sehr ruhig oder hektisch)*
- *Lautstärke (z. B. leise oder etwas lauter)*

notiert, die euch in der jeweiligen Strophe passend erscheinen. Sprecht den Text vor der Klasse.

6. *Sprecht den Zauberspruch („Walle, walle …") gesondert und wählt dafür eine passende Sprachmelodie. Findet geeignete Klänge und Geräusche, um das Beschwörende der Worte zu unterstützen. Bezieht dabei sowohl die verfügbaren Musikinstrumente und Stimmen als auch Alltagsgegenstände des Musikraumes mit ein. Organisiert die Musik mittels einer Partitur:*

	Walle! Walle manche Strecke,	*dass zum Zwecke Wasser fließe,*	*und mit reichem vollen Schwalle*	*zu dem Bade sich ergieße!*
Instrument/ Stimme 1				
Instrument/ Stimme 2				
Instrument/ Stimme 3				
Instrument/ Stimme 4				

Leitmotive in der sinfonischen Dichtung *Der Zauberlehrling* von Paul Dukas

Charakteristische Instrumente

Leitmotiv 1a: Der Zauberlehrling (CD: 18)

Leitmotiv 1b: Der Zauberspruch des Lehrlings (CD: 19)

Leitmotiv 2: Der Besen (CD: 20)

Leitmotiv 3: Der Hexenmeister (CD: 21)

Leitmotiv 4: Das Wasser (CD: 22)

1. *Hört jedes Motiv mehrfach an und beschreibt seine Eigenschaften mithilfe der Noten.*
2. *Klopft den Rhythmus des Zauberlehrling-Motivs auf dem Tisch.*
3. *Spielt das Besen-Motiv auf einem chromatischen Glockenspiel.*
4. *Paul Dukas hat charakteristische Instrumente gewählt, um die einzelnen Leitmotive noch besser voneinander zu unterscheiden. Tragt diese Instrumente bzw. die Instrumentengruppen in die freien Felder ein.*

Ein Besen erwacht zum Leben: Anleitung zum Bau einer Besen-Marionette

Materialien:

1 Borstenpinsel, Stärke zwischen 14 und 20
2 Holzstäbe, Durchmesser 5 mm, Länge 10 cm
1 Nylonfaden oder Zwirn, 50 cm

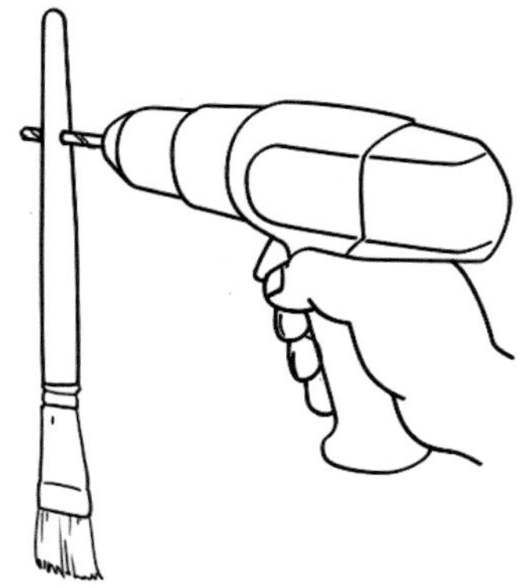

Werkzeug:
- Bohrmaschine, Holzbohrer 5 mm
- kleine Handsäge
- Sandpapier
- Schere
- Klebstoff

1) In den oberen Teil des Pinsels ein Loch für das Querstäbchen bohren. Das Loch geht in dieselbe Richtung wie die Borstenreihe.

2) Beide Holzstäbe leicht ansägen oder anfeilen, damit die Fäden nicht verrutschen.

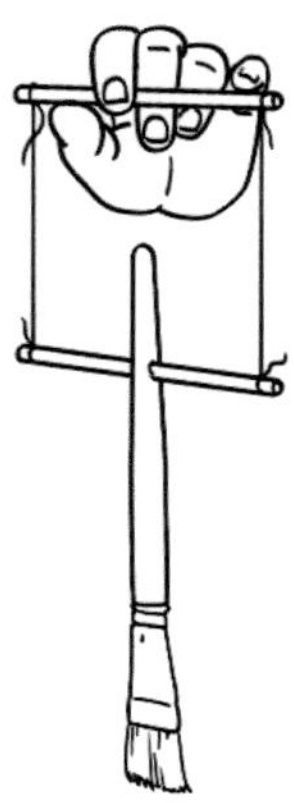

3) Einen der Holzstäbe durch das Loch im Pinsel führen und ggf. mit Klebstoff fixieren.

4) Den Marionetten-Spielstab mit zwei ca. 20 cm langen Fäden mit dem Querstab des Pinsels verbinden.

1. *Experimentiert mit euren Besen-Marionetten, indem ihr geeignete Liege-Positionen findet und mit Bewegungen des Aufstehens, Laufens und Springens spielt.*

2. *Spielt zur Musik das erste Erwachen des Besens, das durch den Zauberspruch des Lehrlings hervorgerufen wird. (CD 14 – Der Besen erwacht)*

3. *Spielt zur Musik das Erwachen, nachdem der Zauberlehrling mit Beilhieben aus einem Besen mehrere gemacht hat (CD 16 – Mehrere Besen erwachen). Erprobt dabei in Gruppenarbeit, an welcher Stelle der Musik sich weitere Besen hinzugesellen. Präsentiert euer Ergebnis den anderen Gruppen.*

4. *Das Tempo der Musik ändert sich in beiden Szenen zunächst nicht. Sucht nach Marionetten-Spielbewegungen, mit denen die Dramatik der Szene bei gleichbleibendem Tempo gesteigert werden kann. Notiert diese.*

Der Zauberlehrling schlägt zu – Ein Mitspielsatz

Mitsprech- und Mitspielsatz: letzte Aufrufe des Zauberlehrlings und Beilhiebe

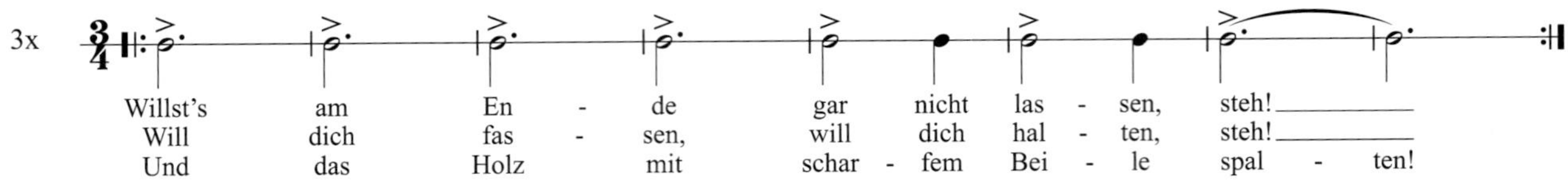

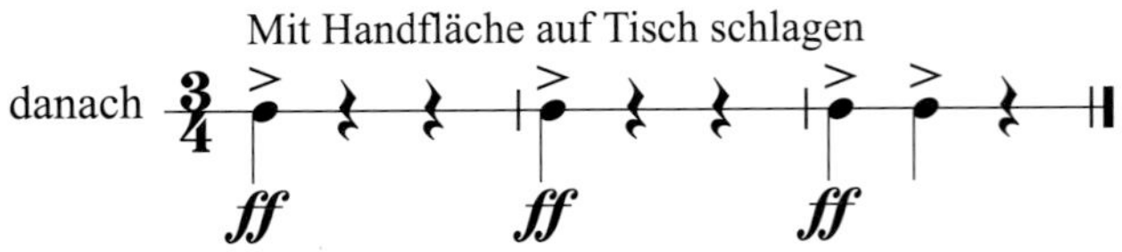

Blechbläser-Melodie bis zu den Beilhieben

Sempre più (ital.) = immer mehr; *Toujours plus animé* (frz.) = immer lebhafter; *Très vif* (frz.) = sehr lebhaft, heftig

1. *Sprecht zur CD (15) den Text des verzweifelten Zauberlehrlings im Rhythmus des notierten Mitspielsatzes und schlagt am Ende genau zu den vier „Beilhieben" (laute Schläge des ganzen Orchesters) mit der Hand kräftig auf den Tisch.*
2. *Umkreist in der abgedruckten Hauptstimme der Blechbläser das erste c' als Ausgangston. Findet den nächsthöheren Ton, der danach erreicht wird, und markiert diesen ebenfalls usw. Welche Art von melodischer Linie ergibt sich aus den markierten Tönen? In welchen zeitlichen Abständen folgen die nächsthöheren Töne aufeinander?*
3. *Untersucht die Hauptstimme der Blechbläser nach weiteren Mitteln der dramatischen Steigerung und notiert diese, gemeinsam mit den in Aufgabe 2 genannten, schriftlich.*

Die Melodie einer Seejungfrau und der Klang des Meeres – Alexander Zemlinskys sinfonische Dichtung *Die Seejungfrau*

1. *Hört zunächst das musikalische Motiv der* Seejungfrau *in der originalen Passage der Solovioline und anschließend drei unterschiedliche Melodien. Erkennt das Original.*

2. *Hier sind alle drei gehörten Varianten der Melodie abgedruckt. Benennt die Unterschiede und leitet daraus die Besonderheiten des Originals ab. Notiert diese in der Tabelle:*

Noten Hörbeispiel A

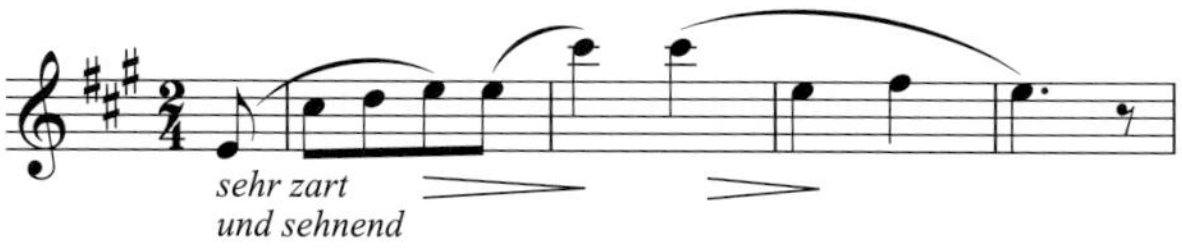

Noten Hörbeispiel B

Noten Hörbeispiel C

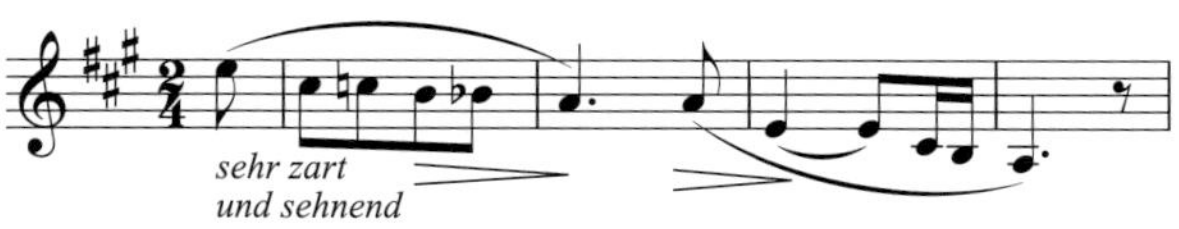

Musikalischer Gesichtspunkt	Besonderheiten des originalen *Seejungfrau*-Motivs
Vorherrschende Melodierichtung	
Herausstechendes Intervall	
Stufe, auf welcher das Motiv endet (in A-Dur)	
Rhythmisch besondere Stellen	
[weiteres:]	

3. *Findet im Internet noch andere Bilder (außer Seejungfrauen), die nach eurem Empfinden zu dem originalen Leitmotiv der Seejungfrau passen. Druckt diese aus und schreibt deren Wirkung auf. Bringt Bilder und Text mit in den Musikunterricht.*

4. *Übt die folgenden drei musikalischen Bausteine aus Zemlinskys Orchesterstück* Die Seejungfrau *und fügt sie zu einer Collage zusammen, die den Klang des Meeres darstellen soll.*

1) Wellenschaum-Motiv (z. B. Glockenspiele)

2) Meeresboden-Motiv (z. B. Klavier, E- oder Kontrabass, Bass-Stäbe. Dazu Gesang auf der Silbe Ah)

3) Bordun (z. B. Klavier, E- oder Kontrabass, Orgel oder Keyboard in tiefer Oktave)

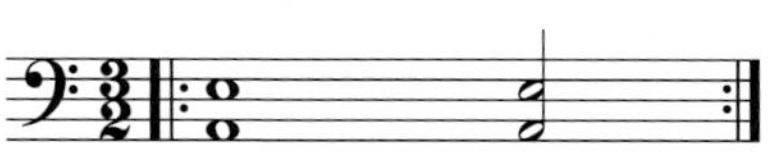

Alexander Zemlinskys sinfonische Dichtung *Die Seejungfrau*: Sturm auf dem Meer

> *Das große Schiff schaukelte in fliegender Fahrt auf der wilden See, das Wasser erhob sich gleich großen schwarzen Bergen, die sich über die Maste wälzen wollten, aber das Schiff tauchte, einem Schwane gleich, zwischen den hohen Wogen nieder und ließ sich wieder auf die aufgetürmten Wasser heben.*
>
> (Aus: Andersens Märchen, Stuttgart: Boje Verlag 1982, S. 110)

1. *Ihr hört einen Ausschnitt aus der Szene des Seesturms in Zemlinskys Orchesterstück. Zeichnet mit farbigem Stift in das unten stehende Raster eine Verlaufskurve, die den Gefahrenpegel des Sturms anzeigen soll. Achtet dabei auf die 10-sekündigen Abschnitte, die euer Lehrer signalisiert.*

2. *Notiert unter die betreffenden Zeitpunkte der Grafik die auffallenden Instrumente und kompositorischen Mittel. Fasst zusammen, welche Eigenschaften der Musik offenbar eine Änderung des „Gefahrenpegels" ausdrücken können. Vergleicht eure Ergebnisse miteinander.*

	0	10 sek.	20 sek.	30 sek.	40 sek.	46 sek.
Gefahrenpegel	**Roter Bereich**					
	Gelber Bereich					
	Grüner Bereich					
Instrumente						
Kompositorische Mittel						

3. *Oben abgedruckt ist die Textstelle, an der Hans Christian Andersen von dem Seesturm erzählt, den die Meerjungfrau beobachtet, bevor sie eingreift. Erweitert den Text im vorgegebenen Stil, beispielsweise mit weiteren Beschreibungen des Meeres und des Schiffbruchs oder dem Schicksal der Besatzung und des Prinzen. Passt den erweiterten Text an die Länge der komponierten Sturmszene (46 Sekunden) an und tragt ihn in der Art einer Hörspielszene gemeinsam mit der Musik vor.*

Baustein 4

Was heißt außermusikalisch? Autobiografie als Quelle für Programme

Jede Programmmusik ist im Grunde autobiografisch motiviert. Welcher aufwendige kompositorische Schaffensprozess wäre denkbar, der durch ein außermusikalisches Kunstwerk in Gang gesetzt wird, das nichts mit den eigenen Erfahrungen des Komponisten zu tun hat?
Und doch scheint in einer Reihe von Fällen die Autobiografie nicht nur im Hintergrund gewirkt zu haben. Als ausdrücklich genannte Quelle des Werks steht das eigene Erleben in seiner ganz bestimmten Umgebung, meist der Natur oder aber der Industrie als deren Gegenpol. Im Bereich der Naturerlebnisse gelten u.a. *Die Moldau* (Bedřich Smetana) und *Finlandia* (Jean Sibelius) als weithin bekannte Beispiele – allerdings auch im Kontext einer patriotischen Ausrichtung von Musik. Zu Letzerer gehören dann auch Kompositionen zu mythologischen Stoffen und alten Schlachten, die an vorliegender Stelle jedoch nicht weiter vertieft werden, da sie nicht auf autobiografischer Grundlage entstanden sein konnten, sondern nur medial vermittelt (wie etwa *Die Hunnenschlacht* von Franz Liszt nach einem Gemälde von Wilhelm von Kaulbach).
Mit Beethovens *Pastorale* und Strauss' *Alpensinfonie* widmet sich der folgende Baustein einer Programmmusik auf der Basis von Naturerlebnissen, die nach heutigen Erkenntnissen nicht von nationalen Interessen der betreffenden Komponisten dominiert worden sind. Es geht um das Naturerleben selbst und um Musik, welche die Emotionen des Erlebenden wie auch die erlebten Naturphänomene auszudrücken versucht. Folglich muss in diesem Baustein der Begriff Tonmalerei geklärt werden, der sich auf beiderlei Bereiche beziehen kann. Herauszuarbeiten ist, dass autobiografisch inspirierte Programmmusik zum einen sehr emotional geprägt und damit tendenziell sehr freien und unterschiedlichen Deutungen ausgesetzt ist. Andererseits scheint sie sich hinsichtlich der Naturbeschreibung manchmal geradezu naiver musikalischer Abbildungen zu bedienen, die vom Hörer leicht entschlüsselt werden.

Ziele

- Die Schülerinnen und Schüler lernen praxisorientiert kompositorische Mittel kennen, mit denen autobiografische Ereignisse in Musik umgesetzt werden.
- Sie kennen bedeutende und unbekannte Werke, in denen sich Komponisten mit Naturerlebnissen auseinandergesetzt haben.
- Sie können zwischen Formen der objekt- und subjektbezogenen Tonmalerei differenzieren.
- Sie reflektieren ihre private Musiksammlung hinsichtlich naturorientierter Themen und deren Wirkung.
- Sie resümieren mit Blick auf andere außermusikalische Impulse (vgl. Bausteine 2 und 3), dass in autobiografisch motivierter Musik die Stimmungsbilder vielseitig deutbar sind, während naturalistische Abbildungen oft eindeutig erkannt werden.

4.1 Erlebnis Natur-Idylle I: Ludwig van Beethoven, Sinfonie Nr. 6 *Pastorale* (1808)

Im Sinne eines „kontrastierenden Werkpaares" hat Beethoven seine VI. Sinfonie (*Pastorale*) in den Jahren 1807/08, in zeitlicher Überschneidung mit der heroisch-dramatischen V. Sinfonie, komponiert. Beide Werke entstanden in Wien. Sie wurden also nicht auf dem Lande selbst geschrieben, wie im Falle der *Pastorale* vielfach angenommen. Der Charakter der 6. Sinfonie steht aber zweifellos im Zusammenhang mit Beethovens innigem Verhältnis zur Natur, das ihn in der betreffenden Zeit wiederholt in die ländlichen Gegenden um Wien geführt hat. Im Mai 1807 schreibt er an die von ihm umworbene Therese Malfatti:

Wie glücklich sind Sie, dass Sie schon früh aufs Land konnten! Erst am achten kann ich diese Glückseligkeit genießen. Kindlich freue ich mich darauf; wie froh ich bin, einmal in Gebüschen, Wäldern, unter Bäumen, Kräutern, Felsen wandeln zu können, kein Mensch kann das Land so lieben wie ich. Geben doch Wälder, Bäume, Felsen den Widerhall, den der Mensch wünscht.[1]

„Pastoral-Sinfonie oder Erinnerungen an das Landleben" nannte Beethoven das Stück bei der Drucklegung. Der Begriff „Pastorale" stammt ursprünglich von Hirtenstücken und Schäferspielen, die seit der Spätantike überliefert sind. Zu Beethovens Zeit verband man mit dem Begriff Instrumentalstücke im gemäßigten Tempo, die in schlichter zweistimmig-paralleler Melodik zu einem Bordun eingerichtet waren und vornehmlich die Klänge süditalienischer Hirten-*Pifferari* imitierten.
Die fünfsätzige Sinfonie erfüllt die Kriterien von Programmmusik. Sie gilt allerdings auch als deren Vorläufer, da erst zur Jahrhundertmitte um 1850 ausdrücklich von „Programmmusik" gesprochen und über Terminologie und Inhalte gestritten werden sollte (→Baustein 5). Eine außermusikalische Quelle, etwa aus Literatur oder Kunst, die über Beethovens persönliche Naturliebe hinausgeht, ist für die VI. Sinfonie nicht bekannt.

Im Folgenden wird ein Schwerpunkt auf die ersten beiden Sätze gelegt:
1. *Erwachen heiterer Empfindungen bei der Ankunft auf dem Lande. Allegro ma non troppo*
2. *Szene am Bach. Andante molto moto*

a) Hören des Sinfoniebeginns und Instrumentalspiel des Hauptthemas (Arbeitsblatt 19, S. 76)

Am Beginn sollte das Hören der Exposition des ersten Satzes (= ca. 3 Minuten) stehen. Der Charakter der 6. Sinfonie wird Schülern, die wenig Hörerfahrung im klassischen Repertoire haben, verdeutlicht, wenn zuvor der Anfang der 5. Sinfonie zu hören ist. Erfahrungsgemäß wird die *Pastorale* in diesem Kontrast als ruhig/freundlich/entspannt/erholsam/harmonisch empfunden. Gleichmäßig fließender Rhythmus, ruhige oder stehende Begleitungen, sanfter Beginn im *piano* und das Ausbleiben von extremen dynamischen Steigerungen und vom Schlagwerk (Pauken) können als Ursache benannt werden, ohne dass eine detaillierte Analyse des Notentextes dafür notwendig wäre.

Das Arbeitsblatt 19 bietet zum einen die Noten des originalen Themas und stellt zum anderen den Bezug zur traditionellen kalabresischen Hirtenmusik her, welche die Basis pastoral stilisierter Orchesterstücke des 18. Jahrhunderts waren.

[1] zitiert nach: Peter Hauschild: Nachwort zu Werk und Edition. Beethoven, Sinfonie Nr. 6 (Taschenpartitur), Leipzig: Edition Peters, S. 97

Musikbeispiel: Ludwig van Beethoven: Sinfonie Nr. 6 *Pastorale* (Beginn)

1. *Hört euch das Thema des ersten Satzes mehrfach an, bis ihr es nachsingen könnt.*

2. *Schaut euch die Partitur an und beschreibt mit einfachen Worten die Aufgabe jeder der vier Stimmen.*

In der Partitur ist die Aufteilung in zwei Melodie- und zwei Begleitstimmen offensichtlich. In den I. Violinen erklingt die Hauptmelodie. Die II. Violinen stimmen mit ein, orientieren sich aber eng an der Hauptmelodie, indem sie im Terzabstand folgen. Bratschen und Celli bilden einen Bordun. Die Differenzierung der „Aufgaben" jeder Stimme bereitet die Beschäftigung mit der kalabresischen *Pastorale* und das eigene Arrangement vor.

3. *Spielt das Thema auf einer Flöte so, wie es hier notiert ist. Findet die zwei Änderungen, die aus spieltechnischen Gründen vorgenommen worden sind, und notiert sie rechts.*

Für das vorzeichenfreie Spiel auf einer Sopranblockflöte sind die beiden Änderungen unvermeidlich: Das Thema insgesamt erscheint nach C-Dur transponiert und der achte Melodieton g' ist nach oben oktaviert worden. Diese Aufgabe versteht sich als Gehörbildung; sie rundet die Kenntnis des *Pastorale*-Themas ab.

Hörbeispiel 29: Kalabresische Pastorale – Tu scendi dalle stelle, Dauer: 0:42

4. *Hört eine traditionelle* Pastorale *aus Süditalien/Kalabrien, wie sie Beethoven als Vorbild gedient haben könnte. Sie wird von einer Zampogna (Sackpfeife) und einer Ciaramella (Schalmei) gespielt. Schreibt Gemeinsamkeiten und Unterschiede zu Beethovens* Pastorale *auf.*

Eine kalabresische *Pastorale* und Ludwig van Beethovens 6. Sinfonie (Beginn)

Gemeinsamkeiten	**Unterschiede**	
	traditionelle *Pastorale*	**Beethovens *Pastorale***
schlichte, wellenförmige Melodie	Instrument: Zampogna	Sinfonieorchester (allerdings: Thema teils in Oboe – auch ein Rohrblattinstrument)
Tongeschlecht Dur	Dreiertakt (3/8 oder 6/8)	2/4-Takt
Melodiestimmen verlaufen parallel (hier: in Terzen)	starre Dynamik (*f*)	differenzierte Dynamik (Anfang: *p*)
länger ausgehaltene Schlusstöne (Fermaten)		
Bordun		
gemäßigt-beschwingtes Tempo		

5. *Vermutlich wollte Beethoven nur einen Anklang der traditionellen* Zampogna-Pastorale *in seiner Sinfonie hörbar machen. Wie könnte seine Sinfonie aussehen, wenn er die ursprünglichen Merkmale dieser Volksmusik sehr viel stärker beibehalten hätte? Fertigt dazu ein vierstimmiges Arrangement an:*

a) Übertragt die Hauptmelodie (aus Aufgabe 3) in einen 3/8-Takt. Die beginnende Pause kann dabei wegfallen und die letzte Note der Taktlänge angepasst werden.

b) Notiert die zweite Stimme in parallelen Terzen oder Sexten. Sie kann darüber oder darunter liegen und auch zwischen Terzen und Sexten wechseln.

c) Übertragt die tiefen Begleitstimmen in den neuen Rhythmus.

d) Bringt euer Arrangement mit verfügbaren Instrumenten zur Aufführung.

Die Melodie passt, bis auf die Länge des Schlusstons, genau in einen 3/8-Takt hinein. Auch die beiden untersten Stimmen sind leicht zu übertragen. Zur Herausforderung wird die Violine II: Ein konsequenter Verlauf in der Unterterz kommt harmonisch infrage, würde aber den Stimmumfang einer Sopranflöte überschreiten. Ein Wechsel zwischen Terzen und Sechsten bietet sich daher an.
Als Instrumente der beiden Oberstimmen liegen wegen des pastoralen Charakters Flöten nahe; für die unteren Stimmen eignen sich Instrumente, welche die Töne über mehrere Takte halten bzw. hörbar ausklingen lassen können.

b) Vergleichen imitierter Vogelstimmen im zweiten Satz, *Szene am Bach*, mit ihren realen Vorbildern (Arbeitsblatt 20, S. 77)

Im zweiten Satz der *Pastorale* greift Beethoven Mittel der Tonmalerei auf, wie sie beispielsweise schon in Vivaldis *Vier Jahreszeiten* verwendet wurden. Es erklingen Wasserrauschen und Vogelgesang. Da sich Beethoven in seiner Tonsprache aber keineswegs auf solche naturalistischen Abbilder beschränkt, bietet dieser Satz einen geeigneten Anlass zur Einführung und Differenzierung des Begriffs Tonmalerei (Arbeitsblatt 20).

Hörbeispiel 30: Ludwig van Beethoven: Sinfonie Nr. 6 *Pastorale*, Ende 2. Satz, Dauer: 1:06

Hörbeispiel 31: a) Amsel, Dauer: 0:14
Hörbeispiel 32: b) Kuckuck, Dauer: 0:15
Hörbeispiel 33: c) Wachtel, Dauer: 0:09
Hörbeispiel 34: d) Taube, Dauer: 0:18
Hörbeispiel 35: e) Nachtigall, Dauer: 0:19

1. *Hört einen Ausschnitt aus dem zweiten Sinfoniesatz und vergleicht die Musik mit originalen Vogelstimmen. Von den fünf Vögeln a bis e haben drei Eingang in die Komposition gefunden. Notiert zunächst die zutreffenden Buchstaben. Ergänzt danach die Vogelnamen, wobei ihr euch im Bedarfsfall erkundigt.*

Hier nicht sichtbar, hat Beethoven die Vogelnamen direkt in die Partiturstimmen eingetragen. Aus den originalen Vogelstimmen der fünf Hörbeispiele ordnen sich drei der Sinfonie zu.

Vogelstimmen-Imitationen in Beethovens 6. Sinfonie *Pastorale*

a)	Amsel	–
b)	Kuckuck	(zu erkennen an den wiederholten Terzfällen) → Klarinette
c)	Wachtel	(zu erkennen an den rhythmisierten Tonrepetitionen) → Oboe
d)	Taube	–
e)	Nachtigall	(zu erkennen an den „schlagenden" Tonwechseln mit der benachbarten Obersekunde) → Flöte

2. *Spekuliert, was Beethoven mit der Gestaltung dieser Stelle bezweckt haben könnte.*

Die musikalisch nachgebildeten Vogelstimmen erwecken beim Hörer die Assoziation einer bestimmten Umgebung. Naturidylle mit Vogelgesang wird in der Regel positiv bewertet, sodass das „Erwachen heiterer Empfindungen" aus der Bezeichnung des ersten Satzes hier ihre Fortsetzung findet.

c) Erarbeiten und Anwenden einer Systematik des Begriffs Tonmalerei (Arbeitsblatt 20, S. 77)

3. *Musikalische Abbildungen, wie sie in der* Pastorale *vorkommen, werden als Tonmalerei bezeichnet. Erschließt euch die obenstehende Tabelle und überprüft mit ihrer Hilfe, welche Arten von Tonmalerei hier vorliegen und an welcher Stelle. Beethovens ausführliche Formulierung des Sinfonie-Titels lautet:* Pastoral-Sinfonie oder Einnerung an das Landleben. Mehr Ausdruck der Empfindung als Mahlerey.

Tonmalerei

Objektbezogene Tonmalerei, naturalistisch:	Die Vogelstimmen sind sowohl von der Melodie als auch klanglich durch die Instrumentenwahl nachgebildet.
Objektbezogene Tonmalerei, stilisiert:	In der Einpassung in den Takt und die rhythmische Abstimmung der drei Vogelgesänge liegt eine Stilisierung.
Subjektbezogene Tonmalerei:	Die musikalische Phrase der Streicher, die zwischen den imitierten Vogelstimmen erklingt, deutet auf die Gefühlswelt des Natur erlebenden Menschen. Zu dieser findet die Musik dann in den letzten Takten des Satzes auch wieder endgültig zurück.

4. *Interpretiert den Titel (s. Aufgabe 3) und setzt ihn in Beziehung zu den verschiedenen Arten der Tonmalerei, wie sie in der Tabelle differenziert werden.*

Die *Erinnerung an das Landleben* drückt sich in subjektbezogener Tonmalerei aus. Im musikalischen Satz verbirgt sich ein vielseitig interpretierbarer Gemütszustand. Dagegen ist mit „Mahlerey" wohl die objektbezogene Tonmalerei gemeint, die Beethoven in seiner 6. Sinfonie kaum leugnen konnte, wenngleich er sie andererseits auch nicht als vorrangige kompositorische Ausrichtung wissen wollte.

5. *Welche Empfindungen kennt ihr bei euch selbst, wenn ihr in die Natur eintretet? Sucht in eurer persönlichen Sammlung Musik, die diese Empfindungen am ehesten ausdrückt, und stellt sie im Unterricht euren Tischnachbarn vor, wobei ihr präzisiert, um welche Tonmalerei es sich handelt.*

Bei missverstandener Aufgabenstellung würden die Schüler nach Musik suchen, die Natur in ihrem Titel trägt. Es kommt bei dieser Aufgabe aber gerade darauf an, dass zuerst der Gang in die Natur sowie die Reflexion der eigenen Empfindungen stehen und dann die Auswahl der Musik. Aus der unüberschaubaren Zahl möglicher Musikbeispiele kann die Kategorisierung hier nur angedeutet werden: Naturalistische Abbildungen geschehen in neuerer populärer Musik meist durch Import originaler Geräusche (Arcade Fire, *Haiti*; Benjamin Biolay, *La Plage*). Stilisiert werden Naturgeräusche gerne von E-Gitarren (Audioslave, *Man or Animal*) und Stimme (div. Beatboxer). Da die Aufgabe aber auf die eigenen Emotionen der Schüler abzielt, wird sich in den meisten der mitgebrachten Beispiele vermutlich subjektbezogene Tonmalerei widerspiegeln. Diese kann sich in sämtlichen musikalischen Parametern begründen; zuweilen geht sie in populärer Musik auch maßgeblich vom Text aus.

4.2 Erlebnis Natur-Idylle II: Richard Strauss, *Alpensinfonie* (1915)

Richard Strauss, der vor seiner *Alpensinfonie* bereits acht sinfonische Dichtungen komponiert hatte, sah sich Zeit seines Lebens als Fortsetzer Beethovens, dessen gesamte Werke laut Strauss „ohne einen poetischen Vorwurf [= Programm – RL] wohl unmöglich entstanden wären". Die *Alpensinfonie* zitiert denn auch eine Reihe von Beethoven'schen Themen und bedient sich an entscheidenden Stellen der Tonart F-Dur aus Beethovens *Pastorale*. Programmatischer Inhalt ist das Abenteuer einer Bergbesteigung, klar gegliedert durch nicht weniger als 22 Überschriften:

Nacht
Sonnenaufgang
Der Anstieg
Eintritt in den Wald
Wanderung neben dem Bache
Am Wasserfall
Erscheinung
Auf blumigen Wiesen
Auf der Alm
Durch Dickicht und Gestrüpp auf Irrwegen
Auf dem Gletscher
Gefahrvolle Augenblicke
Auf dem Gipfel
Vision
Nebel steigen auf
Die Sonne verdüstert sich allmählich
Elegie
Stille vor dem Sturm
Gewitter und Sturm, Abstieg
Sonnenuntergang
Ausklang
Nacht

Wenngleich Strauss allen Erkenntnissen nach niemals einen Gletscher bestiegen hat, so ist doch seine Vorliebe für das Gebirge unbestritten. Insbesondere wird ein Jugenderlebnis in die Nähe der *Alpensinfonie* gerückt: Als 14-Jähriger hatte Strauss eine Bergwanderung mit Unwetter erlebt und sein Abenteuer tags darauf auf dem Klavier dargestellt.
Es ist bezeugt, dass ursprünglich eine Heldensinfonie mit Bezügen zu einer Künstlerbiografie geplant war; auch prägt die Beschäftigung mit der Philosophie Nietzsches die Entstehungszeit des Werkes. Am Ende entfernte der Komponist jedoch sämtliche dieser Anmerkungen und es blieb als öffentlich bekannte Intention die „Anbetung der ewig herrlichen Natur" (Strauss). Offenbar hat der Komponist der Reduktion auf dieses fassliche Thema Nachdruck geben wollen, als er am Uraufführungstag den vielzitierten Satz verlauten ließ: „Ich hab' einmal so komponieren wollen, wie die Kuh die Milch gibt."[1] Die Einfachheit mancher Passagen mit ihren realistischen Abbildungen der belebten Natur brachte Strauss allerdings letztlich die Kritik ein, seine *Alpensinfonie* sei – in Abwandlung des berühmten Beethoven-Zitats – „Mehr Malerei als Ausdruck der Empfindung" (vgl. Arbeitsblatt 20, S. 77).
Für die Arbeit im Musikunterricht ist Abschnitt IX: *Auf der Alm*, ausgewählt worden. Er eignet sich zur Vertiefung von Phänomen und Begriff der Tonmalerei und eröffnet angesichts der kontroversen Publikumsreaktionen zudem einen Blick darauf, wie tonmalerisches Komponieren bewertet wurde.

a) Hören des Abschnitts *Auf der Alm* und Benennen der Naturkulisse; Anwenden des differenzierten Begriffs Tonmalerei (Arbeitblatt 21, S. 78)

Die Passage *Auf der Alm* (ca. 2 Min.) wird mit den Schülern gehört, bevor das Arbeitsblatt – das mit der Nennung des programmatischen Titels die Lösung vorwegnehmen würde – verteilt wird. Es sind erwartungsgemäß die ins Orchester integrierten Kuhglocken, welche hier auf die „richtige" Lösung hinführen. Gleichwohl sind auch andere begründete Assoziationen zulässig.

Hörbeispiel 36: Richard Strauss: Alpensinfonie – IX: Auf der Alm, Dauer: 2:09

> ***1.*** *Notiert in der Tabelle, welche Erscheinungen in der Musik euch veranlasst haben, die Kulisse (als Alm oder alternativ) zu benennen. Präzisiert das Gehörte unter dem Aspekt der Tonmalerei.*

Die Aufgabe bezieht sich auf die Differenzierung gemäß Arbeitsblatt 20 – Tonmalerei in Beethovens *Pastorale*. Hier einige Lösungsbeispiele:

Gehörte Tonmalerei	Kennzeichen (z. B. Instrument oder melodische Gestalt)	Objekt- oder subjektbezogene Tonmalerei? (Ankreuzen)		
		Objekt-bezogen, naturalistisch	Objekt-bezogen, stilisiert	Subjekt-bezogen
Kuhglocken	Echte oder nachgebaute Herdenglocken verschiedener Tonhöhen im Orchester	X		
Vogelgezwitscher	Flöte mit Triller, später auch Klarinette; Stilisierung: Flötenmelodie am Ende	X	X	

[1] zitiert nach: Jürgen May, Wege und Irrwege in und um Richard Strauss' Alpensinfonie. Eine Spurensuche, in: Cordula Heymann-Wentzel (Hg.), Musik und Biographie: Festschrift für Rainer Cadenbach, Würzburg 2004, S. 372

Gehörte Tonmalerei	Kennzeichen (z. B. Instrument oder melodische Gestalt)	Objekt- oder subjektbezogene Tonmalerei? (Ankreuzen)		
		Objekt-bezogen, naturalistisch	Objekt-bezogen, stilisiert	Subjekt-bezogen
Jodeln oder Alphörner	Dreiklangs-Melodie in der Art eines Jodlers (Hörner)		X	
Entspannte, später euphorische Stimmung	Aufsteigende, singbare Melodien in Streichern und Hörnern; Begleitung im vollen Orchesterklang			X

Die Vogelstimmen sind teils naturalistisch, teils stilisiert abgebildet: Naturalistisch erscheinen die unregelmäßig eingestreuten, mit Vorschlag versehenen Töne auf der Piccoloflöte. In einem gesonderten Hördurchgang können die Schüler diese manchmal im komplexen Orchestersatz etwas versteckten Signale entdecken und dies per Handzeichen sichtbar machen oder die Stellen schriftlich auszählen.
Am Ende des Abschnitts, bei ca. 1:30, hebt dann die Flöte abermals in hoher Lage zu einer Art Vogelgesang an, der aber als Melodie weitergeführt und von anderen Blasinstrumenten übernommen wird. Hier handelt es sich um eine stilisierte objektbezogene Tonmalerei:

Richard Strauss, *Eine Alpensinfonie, Auf der Alm* © F. E. C. Leuckart, München

b) Erkennen einer Melodie aus der *Alpensinfonie* als Jodler; Singen der Melodie auf passenden Silben (Arbeitsblatt 21, S. 78)

2. *In der Hornstimme erklingt mehrfach die folgende Melodie. Lasst sie einen Mitschüler oder euren Lehrer auf dem Klavier spielen. Nennt den Fachbegriff für die traditionelle Kunst, Melodien dieser Art zu singen.*

3. *Erkundigt euch im Internet über die Technik des Singens solcher Melodien und verseht für euren eigenen Gesang die Noten mit Silben, wie sie nach dieser Tradition üblich sind.*

Offensichtlich ist in der Hornstimme ein Jodler imitiert. An den weiten Melodiesprüngen der Sexte und der None ist das Umschlagen von Brust- in Kopfstimme Tradition. Typische Silbenfolgen für eine solche Melodie sind:

aus: Richard Strauss, Eine Alpensinfonie

c) Kritik der Tonmalerei. Textarbeit mit Zitaten von und über Strauss (Arbeitsblatt 21, S. 78)

4. *Die Zitate I bis IV von und über Strauss stehen im Zusammenhang mit Werturteilen über Tonmalerei. Beantwortet folgende Fragen:*
- *Welche Art der Tonmalerei ist in den Zitaten I und III vermutlich gemeint?*
- *Worin wird die Kritik (Zitate I, III, IV) liegen?*
- *Was könnte „Kitsch" in diesem Zusammenhang bedeuten (Zitat IV)?*
- *Wie deutet ihr Strauss' Rechtfertigung gegenüber seinen Kritikern (Zitat II)?*

Während Strauss' hoher Rang als Komponist im Bereich des subjektiven Ausdrucks außer Frage stand, gab es unter den Kritikern Irritation über die naturalistischen musikalischen Abbildungen (objektbezogene Tonmalerei), welche der emotionalen Tiefe entbehren und das Anspruchsniveau der Zuhörer senken würde. Die Bezeichnung als „Kitsch" hätte hier insofern ihre Berechtigung, als anstelle der Suche des Komponisten nach dem Schönen ein naives 1:1-Abbilden tritt; insbesondere im Abschnitt *Auf der Alm* wird mit einer Anhäufung stereotyper Reize die Wiedererkennung alpiner Idylle über die Maßen erleichtert. Schon Beethoven hatte sich 1808 mit seiner Formulierung „Mehr Ausdruck der Empfindung als Mahlerey" vor einem Übermaß an objektbezogener Tonmalerei verwahren wollen. Die Kritik Max Kalbecks an Strauss dreht Beethovens Zitat nun in provokanter Weise um. Obgleich Strauss seit Jugendjahren offenbar von der Zweifelhaftigkeit naiv-tonmalerischen Musizierens gewusst haben muss (Zitat I), setzte er sich nun mit seiner berühmten Äußerung von der „Kuh" (Zitat II) selbstbewusst so in Szene, als sei seine *Alpensinfonie* aus einer entspannten, nicht übermäßig intellektualisierenden Komponierhaltung heraus entstanden.

4.3 Erlebnis Natur-Idylle III: Eine musikalische Landschaft fern der Alpen

Das Stück *Gøta* (The Real Group, CD *In The Middle of Life*, 2006) führt über das geografische und musikhistorische Spektrum dieses Bausteins hinaus. The Real Group ist eine fünfköpfige A-cappella-Gruppe aus Schweden. Im Jahr 1984 gründete sich das Ensemble aus Absolventen der Königlichen Musikakademie in Stockholm. Anfänglich auf Jazz ausgerichtet – daher der Name in Anlehnung an die Jazz-Standard-Sammlung „The Real Book" –, bedient die Gruppe inzwischen ein breites Repertoire von Pop über Folk bis hin zur Klassik. Innerhalb der weltweit anwachsenden A-cappella-Musikszene genießt The Real Group aufgrund des stimmlichen Niveaus, der Klanggestaltung und der stilistischen Flexibilität internationales Ansehen.

Das Stück *Gøta* wurde von dem Real Group Mitglied Peder Karlsson komponiert. Es ist nach dem Geburtsort der faröischen Folksängerin Eivør Pálsdóttir benannt, mit der Karlsson das Stück gemeinsam uraufgeführt hatte. Es hat keinen Text. Laut einer Ansage im Rahmen eines Konzerts aus dem Jahr 2006 würden keine Worte benötigt werden, wenn nun das *feeling* für Gøta und seine Umgebung, die Faröer-Inseln, besungen werde.

a) Hören des Stücks *Gøta*: Individuelles Visualisieren von passenden Landschaften (Arbeitblatt 22, S. 79)

Hörbeispiel 37: The Real Group: Gøta, Dauer: 2:39

1. *Stellt euch zur Musik eine aus eurer Sicht passende Landschaft vor. Benennt die Eigenschaften der Landschaft und die Eigenschaft der Musik, die euch zu eurer Assoziation bewogen hat.*

2. *Skizziert die Landschaft, die euch vorschwebt, und benennt Kontinent, Land oder Region.*

	Eigenschaften der assoziierten Landschaft (Vorschläge)	Ausschlaggebendes Merkmal der Musik The Real Group, *Gøta*
1.	„Schöne", „harmonische" Landschaft	Mehrstimmige Harmonien; Dur
2.	„Weite" Landschaft	offene Vokale
3.	„Monumentale" Landschaft	Liegetöne (im Bass: Orgelpunkt)
4.	„Ruhige" Landschaft, keine Tiere	

Es geht in Aufgaben 1 und 2 um individuelle, möglichst vom Leistungsdruck ungestörte Assoziationen. Daher soll zunächst keine konkrete Landschaft genannt oder zwanghaft die „richtige" erraten werden. Erfahrungsgemäß driften die Ideen zu *Gøta* sehr weit auseinander.

b) Beschreiben des emotionalen Gehalts von autobiografisch inspirierter Programmmusik; Reflektieren heterogener Hörerlebnisse (Arbeitsblatt 22, S. 79)

3. *Beschreibt die Stimmung des Naturerlebnisses, die sich euch vermittelt.*

4. *Vergleicht eure Vermutungen über Landschaften und Stimmungen mit denen eurer Klassenkameraden. Fasst in Bezug auf naturbezogene Kompositionen, die ihr kennt, zusammen, inwieweit sich*
   a) konkrete Naturphänomene und
   b) subjektive Stimmungen
   eindeutig beim Hören rekonstruieren lassen.

Es zeigt sich, dass die Beschreibung von Stimmungen vielschichtig ist: Sie hängt von der eigenen Hörerfahrung, vom Musikgeschmack und von der gegenwärtigen Stimmung ab. In der Zusammenschau mit Beethovens *Pastorale* und Strauss' *Alpensinfonie*, aber auch vielen weiteren möglichen Beispielen, wird ersichtlich, dass autobiografisch motivierte Musik in ihrer subjektbezogenen Tonmalerei sehr unterschiedlich erlebt und gedeutet wird. Dagegen kann naturalistische und stilisierte objektbezogene Tonmalerei von einem dieser Kultur nahestehenden Publikum oft einheitlich entschlüsselt werden.

c) Singen der Melodie und Ergründen der Wirkung des Stücks *Gøta* (Arbeitsblatt 23, S. 80)

1. *Singt die Hauptmelodie. Beachtet dabei auch die korrekten Silben sowie die Länge der Schlusstöne jedes Melodieabschnitts.*

2. *Benennt anhand des Notentextes kompositorische Auffälligkeiten und deren Wirkung auf den Charakter der Musik.*

Zwei Eigenschaften fallen im Notentext und beim Hören auf:
1. Die Melodie springt zwischen zwei Ebenen hin und her, als ob in der Einstimmigkeit zwei Melodien gleichzeitig abgebildet sind („latente Mehrstimmigkeit"). Aus den gesangstechnischen Anforderungen der Aufwärtssprünge ergibt sich eine gewisse Anspannung, die aber mit der allgemein abfallenden Melodielinie zur Ruhe kommt.
2. Es finden Taktwechsel, unter anderem durch einzelne 5/4-Takte, statt. Diese geben dem Stück einen metrischen Reiz; die Musik scheint aber nicht tanzbar zu sein.

3. *Das Stück besingt die Stimmung auf den Faröer-Inseln, in der Umgebung des kleinen Dorfes Gøta. Erkundigt euch im Internet über „faroese folk music" und sucht nach Ähnlichkeiten jener Musik mit dem vorliegenden Stück der Real Group.*

Musik von Eivør Pálsdóttir und anderen Folkmusikern der Faröer-Inseln ist im Internet sehr präsent. Dem Stück *Gøta* sind die offenen Schlussklänge mit ihrer engen Vokalformung sowie bei manchen Beispielen die Taktwechsel verwandt.

Weitere autobiografisch inspirierte Programmmusik

- Felix Mendelssohn Bartholdy, *Schottische Sinfonie*
- Bedřich Smetana, *Die Moldau* aus dem Zyklus *Mein Vaterland*
- Jean Sibelius, *Finlandia*
- Claude Debussy, *La Mer*
- Charles Ives, *Central Park in the Dark*

Beethovens 6. Sinfonie und die traditionelle italienische *Pastorale*

Das Hauptthema von Beethovens 6. Sinfonie dauert nur wenige Sekunden. Es umfasst 14 Töne und hält auf dem letzten inne.

1. *Hört euch das Thema des ersten Satzes mehrfach an, bis ihr es nachsingen könnt.*
2. *Schaut euch die Partitur an und beschreibt mit einfachen Worten die Aufgabe jeder der vier Stimmen*

Hauptmelodie

3. *Spielt das Thema auf einer Flöte so, wie es hier notiert ist. Findet die zwei Änderungen, die aus spieltechnischen Gründen vorgenommen worden sind, und notiert sie rechts.*

1.
2.

4. *Hört eine traditionelle* Pastorale *aus Süditalien/Kalabrien, wie sie Beethoven als Vorbild gedient haben könnte. Sie wird von einer Zampogna (Sackpfeife) und einer Ciaramella (Schalmei) gespielt. Schreibt Gemeinsamkeiten und Unterschiede zu Beethovens* Pastorale *auf.*

> „Pastore" (ital.) bedeutet „Hirte". Eine „Pastorale" beschäftigt sich musikalisch, literarisch oder künstlerisch mit Hirten, Schäfern und der sie umgebenden Natur.

5. *Vermutlich wollte Beethoven nur einen Anklang der traditionellen* Zampogna-Pastorale *in seiner Sinfonie hörbar machen. Wie könnte seine Sinfonie aussehen, wenn er die ursprünglichen Merkmale dieser Volksmusik sehr viel stärker beibehalten hätte? Fertigt dazu ein vierstimmiges Arrangement an:*
   a) Übertragt die Hauptmelodie (aus Aufgabe 3) in einen 3/8-Takt. Die beginnende Pause kann dabei wegfallen und die letzte Note der Taktlänge angepasst werden.
   b) Notiert die zweite Stimme in parallelen Terzen oder Sexten. Sie kann darüber oder darunter liegen und auch zwischen Terzen und Sexten wechseln.
   c) Übertragt die tiefen Begleitstimmen in den neuen Rhythmus.
   d) Bringt euer Arrangement mit verfügbaren Instrumenten zur Aufführung.

Tonmalerei in Ludwig van Beethovens 6. Sinfonie

Im zweiten Satz seiner 6. Sinfonie, *Szene am Bach. Andante molto moto*, lässt Beethoven mehrere Vögel erklingen und schreibt sogar die Namen der Tiere in die Partitur.

1. *Hört einen Ausschnitt aus dem zweiten Sinfoniesatz und vergleicht die Musik mit originalen Vogelstimmen. Von den fünf Vögeln a bis e haben drei Eingang in die Komposition gefunden. Notiert zunächst die zutreffenden Buchstaben. Ergänzt danach die Vogelnamen, wobei ihr euch im Bedarfsfall erkundigt.*

Beethoven, 6. Sinfonie, zweiter Satz: *Szene am Bach. Andante molto moto*

Buchstabe Vogelname

Tonmalerei

Objektbezogene Tonmalerei		Subjektbezogene Tonmalerei
Realistische, naturalistische Nachahmung	oder freie Nachgestaltung (Stilisierung)	
Erläuterung: Nachahmung von akustischen Gegebenheiten aus der (belebten und unbelebten) Natur, z. B. charakteristische Klangfarben, Melodien, Geräusche, mit den Mitteln des Orchesters		Erläuterung: Ausdruck einer subjektiven Stimmung; es geht z. B. nicht um die Natur selbst, sondern um einen Natureindruck.

2. *Spekuliert, was Beethoven mit der Gestaltung dieser Stelle bezweckt haben könnte.*

3. *Musikalische Abbildungen, wie sie in der* Pastorale *vorkommen, werden als Tonmalerei bezeichnet. Erschließt euch die oben stehende Tabelle und überprüft mit ihrer Hilfe, welche Arten von Tonmalerei hier vorliegen und an welcher Stelle.*
Beethovens ausführliche Formulierung des Sinfonie-Titels lautet: Pastoral-Sinfonie oder Erinnerung an das Landleben. Mehr Ausdruck der Empfindung als Mahlerey.

4. *Interpretiert den Titel (s. Aufgabe 3) und setzt ihn in Beziehung zu den verschiedenen Arten der Tonmalerei, wie sie in der Tabelle differenziert werden.*

5. *Welche Empfindungen kennt ihr bei euch selbst, wenn ihr in die Natur eintretet? Sucht in eurer persönlichen Sammlung Musik, die diese Empfindungen am ehesten ausdrückt, und stellt sie im Unterricht euren Tischnachbarn vor, wobei ihr präzisiert, um welche Tonmalerei es sich handelt.*

Tonmalerei in Richard Strauss' *Alpensinfonie* (1915) – Abschnitt IX: *Auf der Alm*

1. *Notiert in der Tabelle, welche Erscheinungen in der Musik euch veranlasst haben, die Kulisse (als Alm oder alternativ) zu benennen. Präzisiert das Gehörte unter dem Aspekt der Tonmalerei.*

Gehörte Tonmalerei	**Kennzeichen (z. B. Instrument oder melodische Gestalt)**	**Objekt- oder subjektbezogene Tonmalerei? (Ankreuzen)**		
		Objekt-bezogen, naturalistisch	**Objekt-bezogen, stilisiert**	**Subjekt-bezogen**

2. *In der Hornstimme erklingt mehrfach die folgende Melodie. Lasst sie einen Mitschüler oder euren Lehrer auf dem Klavier spielen. Nennt den Fachbegriff für die traditionelle Kunst, Melodien dieser Art zu singen.*

aus: Richard Strauss, Ein Alpensinfonie © F. E. C. Leuckart, München

3. *Erkundigt euch im Internet über die Technik des Singens solcher Melodien und verseht für euren eigenen Gesang die Noten mit Silben, wie sie nach dieser Tradition üblich sind.*

4. *Die Zitate I bis IV von und über Strauss stehen im Zusammenhang mit Werturteilen über Tonmalerei. Beantwortet folgende Fragen:*

- *Welche Art der Tonmalerei ist in den Zitaten I und III vermutlich gemeint?*
- *Worin wird die Kritik (Zitate I, III, IV) liegen?*
- *Was könnte „Kitsch" in diesem Zusammenhang bedeuten (Zitat IV)?*
- *Wie deutet ihr Strauss' Rechtfertigung gegenüber seinen Kritikern (Zitat II)?*

Zitat I: *Am nächsten Tag habe ich die ganze Partie auf dem Klavier dargestellt, natürlich riesige Tonmalerei und Schmarrn.* (Strauss 1879 über seine abenteuerliche Bergwanderung als 14-Jähriger, im Sommer 1878)

Zitat II: *Ich hab' einmal so komponieren wollen, wie die Kuh Milch gibt.* (Strauss gegenüber seinen Kritikern am Abend der Uraufführung seiner Alpensinfonie, 28. Oktober 1915)

Zitat III: *In Strauss' Alpensinfonie zeigt sich mehr Malerei als Ausdruck der Empfindung.* (der Kritiker Max Kalbeck im Neuen Wiener Tagblatt, Dezember 1915)

Zitat IV: *Strauss hat eine so fürchterliche Tendenz zum Trivialen, Kitschigen in sich.* (Hugo von Hofmannsthal, der Librettist mehrerer Opern von Richard Strauss, am 12. Juni 1909)

I zit. nach: Rudolf Kloiber, Handbuch der Sinfonischen Dichtung, Wiesbaden 1967, S. 184. II. zit. nach: Jürgen May, Wege und Irrwege in und um Richard Strauss' Alpensinfonie. Eine Spurenlese, in: Cordula Heymann-Wentzel et al. (Hg.), Musik und Biografie. Festschrift für Rainer (Cadenbach S. 363. III. zit. nach: Jürgen May (s. o.), S. 372. IV. zit. nach Wayne Heisler, The Ballet Collaborations of Richard Strauss, University of Rochester Press 2009, S. 281.

Eine musikalische Landschaft fern der Alpen

In einigen berühmten Kompositionen, deren Programm persönliche Naturerlebnisse sind, geht es um die Voralpen und Alpen. So auch bei Beethoven und Strauss. Hört nun ein Musikstück, das geografisch weit entfernt angesiedelt ist und das Erleben einer ganz bestimmten Landschaft thematisiert.

1. *Stellt euch zur Musik eine aus eurer Sicht passende Landschaft vor. Benennt die Eigenschaften der Landschaft und die Eigenschaft der Musik, die euch zu eurer Assoziation bewogen hat.*

	Eigenschaften der assoziierten Landschaft	**Ausschlaggebendes Merkmal der Musik**
1.		
2.		
3.		

2. *Skizziert die Landschaft, die euch vorschwebt, und benennt Kontinent, Land oder Region.*

Titel:

3. *Beschreibt die Stimmung des Naturerlebnisses, die sich euch vermittelt.*

4. *Vergleicht eure Vermutungen über Landschaften und Stimmungen mit denen eurer Klassenkameraden. Fasst in Bezug auf alle naturbezogenen Kompositionen, die ihr kennt, zusammen, inwieweit sich*
a) konkrete Naturphänomene und
b) subjektive Stimmungen
eindeutig beim Hören rekonstruieren lassen.

The Real Group – *Gøta* (2006)

Gøta

Peder Karlsson
Arr.: Robert Lang

1. *Singt die Hauptmelodie. Beachtet dabei auch die korrekten Silben sowie die Länge der Schlusstöne jedes Melodieabschnitts.*
2. *Benennt anhand des Notentextes kompositorische Auffälligkeiten und deren Wirkung auf den Charakter der Musik.*
3. *Das Stück besingt die Stimmung auf den Faröer-Inseln, in der Umgebung des kleinen Dorfes Gøta. Erkundigt euch im Internet über „faroese folk music" und sucht nach Ähnlichkeiten jener Musik mit dem vorliegenden Stück der Real Group.*

Baustein 5

Der gegängelte Hörer – Musik und Programme in der Kritik

Seit dem Mittelalter bis zum Ende des 18. Jahrhunderts steht die westeuropäische Musikgeschichte im Zeichen der Vokalmusik. Selbstständige Instrumentalmusik in ihrer Semantik zu verstehen war für die Hörer stets eine besondere Herausforderung. Deswegen bemühten sich Komponisten, die auch Instrumentalmusik schrieben, das Hörverständnis zu erleichtern: Bei emotionalen Gehalten bedienten sie sich der Affektenlehre. Ging es hingegen um äußere Geschehnisse, die wiedererkannt werden sollten, nutzten sie Mittel der Tonmalerei (vgl. Baustein 4).

Das 19. Jahrhundert ist deshalb für die Geschichte der Programmmusik so bedeutsam, weil es einen Wandel in der Musikrezeption mit sich brachte: Eine zunehmende Anzahl von Hörern schätzte vor dem Hintergrund von Literatur und Malerei gerade das Unbestimmte des musikalischen Ausdrucks. So fiel Berlioz' Idee eines ausformulierten Programmtextes, der alles entschlüsselte, nicht nur auf fruchtbaren Boden. Das kritische Publikum sah zwei Gefahren: erstens, dass die freie Fantasie des Zuhörers eingeengt und dieser durch die Programme also gegängelt werde; zweitens, dass die wachsende Bedeutung des Außermusikalischen auf Kosten der kompositorischen Qualität ginge. Letztlich geht die Kritik aber auch auf ganz individuelle Ansprüche an Hörsituationen zurück: Je nach Bildungsstatus und Gewohnheit waren Zusatzinformationen in Form von Programmen eben erwünscht oder nicht.

Bei dem zuletzt genannten Aspekt setzt der vorliegende Baustein 5 an, der sich der Bewertung von Programmmusik widmet. Schüler ermessen zu Beginn gewissermaßen ihren eigenen Typ, was Primärerfahrung und die Aufnahme externer Informationen anbelangt – und zwar im Hinblick auf verschiedenste Situationen des Alltags.

Da die historische Bewertung von Programmmusik teilweise sehr abhängig davon war, ob es sich nur um Überschriften oder ausführliche Programme handelte, folgt eine differenzierte Erarbeitung ausgewählter Beispiele, wobei auch weiterhin die gegenwärtige Bewertung durch die Schüler zum Tragen kommt.

Ziele

- Die Schülerinnen und Schüler lernen praktische und theoretische Vorbehalte kennen, mit denen die Vertreter der Programmmusik im 19. Jahrhundert konfrontiert waren.
- Sie reflektieren ihre eigenen Gewohnheiten, mit Primärerfahrungen aus Musik, Kunst und Alltag in Verbindung mit dem Angebot von Zusatzinformationen umzugehen.
- Sie können mit Mitteln des szenischen Spiels Standpunkte nachvollziehen, die zu Robert Schumanns Zeit vertreten wurden, wenn es um programmatische Überschriften ging.
- Sie kennen Formen und Beweggründe für ausführliche historische Programme und können daran anlehnend eigene Programme verfassen.

5.1 Musik und Kunst erleben – mit oder ohne Zusatzinformation? (Arbeitsblatt 24, S. 87)

Die Einstellung zu Programmen hat auch eine psychologische Komponente. Aus zahlreichen Äußerungen der letzten 200 Jahre lässt sich ableiten, dass Musikinteressierte zu allen Zeiten sehr unterschiedliche Bedürfnisse nach werkbezogenen Zusatzinformationen hatten und offenbar auch unterschiedlich empfindlich darauf reagierten, wenn man ihnen ungefragt Beitexte zum Hörerlebnis reichte.
Zunächst blicken die Schüler auf ihr eigenes Verhalten. Mithilfe des **Arbeitsblattes 24 (S. 87)** dokumentieren sie, inwieweit sie bei Begegnungen mit Neuem in Musik, Kunst und alltäglichen Situationen Zusatzinformationen haben wollen.

Hörbeispiel 38: Daniel Gottlob Türk: Nieten? Nieten? Nichts als kahle Nieten?, Dauer: 0:14

1. *Hört das Stück oder spielt es auf einem Instrument (bzw. verteilt auf zwei Instrumenten.)*
2. *Lest die programmatische Überschrift des Stücks und die dazugehörige Fußnote. Überprüft, ob auf das vorliegende Beispiel zutrifft, was der Komponist Richard Strauss 100 Jahre später über ein musikalisches Programm und seinen Nutzen geäußert hat.*

Daniel Gottlob Türk (1750–1813) hat 1792 seinen 60 sehr kurzen Klavierstücken teils ausführliche Überschriften gegeben und hätte diese nach eigenen Angaben auch noch erweitert, wenn der Platz es zugelassen hätte. Im vorliegenden Stück *Nieten? Nieten? Nichts als kahle Nieten?*, nach einem Gedicht von Gottfried August Bürger, sind Überschrift und Fußnote umfassender als die notierte Musik selbst. Das provokante Zitat von Strauss wird die Schüler in zwei Gruppen teilen: die eher visuellen Typen erkennen eine zusätzliche Dimension, ob amüsant oder nicht; für auditive Typen mag das Gleichnis Viertelpausen = Nieten zu weit hergeholt erscheinen.

3. *Betrachtet Abbildung 2, ein Beispiel aus der bildenden Kunst. Macht euch bewusst, worauf sich euer Blick zuerst konzentriert hat und zu welchem Zeitpunkt ihr den Titel der Zeichnung wahrgenommen habt.*
4. *Beurteilt, ob euch der Titel gewinnbringend oder überflüssig vorkommt, und diskutiert darüber mit euren Nachbarn.*

In der bildenden Kunst spielt seit der klassischen Moderne die Aussage von Bildtiteln eine bedeutende Rolle, sodass sich auch ein verwandtes Diskussionsfeld zu dem der Programmmusik entwickelt hat. Es geht dort um komplexe und irreführende Betitelungen wie auch um die Standardformulierung „Ohne Titel", die als Nichtüberlieferung oder auch als Kommunikationsverweigerung interpretiert werden kann. Eine schlichte Bestätigung des Bildthemas durch den Titel, wie es bei Pablo Picassos „Kamel" geschieht, ist unter Kunstexperten allerdings in der Regel kein Streitpunkt, während entsprechende Benennungen von Programmmusik hingegen immer wieder den Vorwurf der Trivialität auf sich zogen.
Das „Kamel" (1907) hat Picasso mit einfachsten formalen Mitteln realisiert. Außergewöhnlich ist zudem, dass er es in einem einzigen Fluss gezeichnet hat, ohne den Stift abzusetzen. Manche Schüler werden das Motiv nicht sofort erkennen und sind daher für die Betitelung dankbar. Andere, die das Kamel ausmachen, werden den Titel entweder als Bestätigung würdigen oder als überflüssig erachten.

5. *Beobachtet euer Verhalten, wenn ihr euch in verschiedene Alltagssituationen hineinfindet. Kreuzt an.*

6. *Notiert aufgrund der Ergebnisse aus den Aufgaben 1 bis 5 eine Selbsteinschätzung, wie ihr in der Regel mit direkten Erfahrungen und Zusatzinformationen umgeht.*

Die Tabelle greift repräsentative Alltagsbereiche heraus. Möglicherweise können in Absprache mit den Schülern die Naturerscheinungen durch andere, aussagekräftigere Bereiche (Medien, Sport, Reisen etc.) ersetzt werden. Entscheidend ist, ob sich in der Zusammenschau der sechs Aufgaben das musik-/kunstbezogene Verhalten von dem im Alltag deutlich unterscheidet oder ob sich insgesamt die Zuordnung zu einem Typus abzeichnet, der Zusatzinformationen stärker oder weniger stark in Anspruch nehmen möchte.

5.2 Streit um programmatische Überschriften – Ein Rollenspiel (Arbeitsblätter 25 und 26, S. 88 ff.)

Programmatische Werktitel waren zu Robert Schumanns Lebzeiten (1810–1856) nichts Neues (vgl. Baustein 4, Abschnitt *Tonmalerei*). Im Zuge des aufblühenden bürgerlichen Konzertwesens mit seiner Öffnung für einen breites, teils weniger musikerfahrenes Publikum verdichtete sich im frühen 19. Jahrhundert allerdings die Diskussion um kompositorische Qualität und die Rolle der Zuhörenden. Beispielsweise war es Robert Schumann suspekt, wenn am Beginn eines musikalischen Schaffensprozesses eine allzu fassliche Titelformulierung stand. Er fürchtete um den feinen poetischen Gehalt des Werkes einerseits und um die Mündigkeit des Hörers, dem dieser Titel im Voraus mitgeteilt wurde, andererseits.
Auch Schumann formulierte jedoch programmatische Titel – wie er sagte, fügte er sie erst „später" zu – und machte sich damit selbst angreifbar. Das nachfolgende Rollenspiel basiert auf einer realen Auseinandersetzung Schumanns mit dem Kritiker Ludwig Rellstab (1799–1860) aus dem Jahr 1839. Rellstab hatte Schumanns Klavierzyklus *Kinderszenen* op. 15 als spieltechnisch und inhaltlich nicht kindgemäß verurteilt. Schumann, der die Klavierstücke hingegen für Erwachsene konzipiert hatte, reagierte in öffentlicher Replik und in privaten Briefen. Die Äußerungen beider sind in die Textkarten des Rollenspiels teils wörtlich eingegangen.
Die drei anderen Rollen, ein Unternehmer und zwei unterschiedliche Typen von Konzertbesuchern, sind fiktiv. Sie nehmen jedoch engen Bezug auf den Erkenntnisstand zu wirtschaftlichen und kulturellen Interessen der damaligen Zeit.

Vorangestellt ist eine Begegnung der Schüler mit der Musik selbst, verbunden mit einem eigenen kritischen Blick auf das Verhältnis von Titel und Musik in Schumanns *Kinderszenen* **(Arbeitsblatt 25, S. 88)**.

Die *Kinderszenen* sind 13 Klavierstücke mit beigefügten außermusikalischen Bezügen zu kindlichen Szenarien:

1. *Von fremden Ländern und Menschen*
2. *Kuriose Geschichte*
3. *Hasche-Mann*
4. *Bittendes Kind*
5. *Glückes genug*
6. *Wichtige Begebenheit*
8. *Am Kamin*
9. *Ritter vom Steckenpferd*
10. *Fast zu ernst*
11. *Fürchtenmachen*
12. *Kind im Einschlummern*
13. *Der Dichter spricht*

7. *Träumerei*
Da sie auf eine Entwicklung weitgehend verzichten und in ihrer Kürze eher eine bildhafte Idee als eine Handlung erkennen lassen, gelten sie, streng genommen, nicht als Programmmusik, sondern als „Charakterstücke". Gleichwohl zeigt die öffentliche Kritik Rellstabs, dass die besondere Erwartung an Musik aufgrund einer Werküberschrift hier genauso erfüllt oder enttäuscht werden konnte wie bei einer Programmsinfonie oder einer Sinfonischen Dichtung (vgl. Bausteine 3 und 4).
Bittendes Kind ist das vierte der dreizehn Stücke. Es besteht aus vielen kleinen, in zarter Dynamik gestalteten Melodiebögen, die harmonisch oder im arpeggierten Satz offenbleiben. Im abschließenden Dominantseptakkord erscheint auch diese letzte kindliche Bitte unerfüllt (vgl. Notenbeispiel auf dem Arbeitsblatt 25, letzter Takt).

Hörbeispiel 39: Robert Schumann: Kinderszenen – Bittendes Kind, Dauer: 0:59

1. *Hört das Stück bis zum Ende an und gebt ihm anschließend gemäß eurer Assoziation eine passende Überschrift. Begründet eure Entscheidung.*
2. *Lasst euch von eurem Lehrer die originale Überschrift mitteilen. Vergleicht eure und Schumanns Version und ermesst, wie weit beide auseinander liegen.*

Die assoziierten Überschriften können in viele Richtungen gehen und werden erwartungsgemäß Themen zu Sehnsucht, Zärtlichkeit, Liebe und Traum berühren. Wird im Unterricht auf die dominantische Akkordgestalt des Schlusses verwiesen, so ergeben sich räumliche oder seelische „Offenheit" als Assiziations- und Interpretationsfeld. Die Begründungen in der musikalischen Struktur lassen sich in der Regel für die eigene wie für die originale Überschrift *Bittendes Kind* gleichermaßen nachvollziehen.

3. *Lasst euch von eurem Lehrer den Titel der gesamten Gruppe von Klavierstücken mitteilen. Spekuliert mit Blick auf diesen Titel, die Überschrift des Einzelstücks wie auch das Anforderungsniveau der Noten, an welchen Adressatenkreis sich die Kompositionen gerichtet haben mochten. Lasst euch in Bezug auf das Anforderungsniveau von Mitschülern helfen, die Klavier spielen.*

Diese Frage soll auf die Kontroverse zwischen Schumann und Rellstab hinführen. *Kinderszenen* und *Bittendes Kind* passen inhaltlich grundsätzlich gut zusammen, jedoch ist die Reflexion der eigenen Kindheit als übergeordnetes Konzept für Musik ungewöhnlich und liegt gerade auch Schülern der Sekundarstufe fern. Wenn man nicht weiß, dass Schumann für Ältere komponierte, liegt die Kritik nahe, *Bittendes Kind* als ein für das Kinderohr uninteressantes Thema zu bewerten. Zudem lassen sich als Hürden für das kindliche Klavierspiel benennen: weite Griffe, viele Vorzeichen, sehr sensible Dynamik, sehr differenzierte Temposchwankungen.

Das Rollenspiel (**Arbeitsblatt 26, S. 89**) lässt die Schüler nun die Auseinandersetzung um programmatische Titel und die außergewöhnlichen Kompositionen *Kinderszenen* situationsimmanent erleben.

1. *Wählt eine Rolle und versetzt euch in sie hinein, indem ihr eurem Tischnachbarn eure Lebenssituation („Wer du bist") schildert.*
2. *Führt zu fünft die erwähnte Diskussion, in Gruppen oder auf dem Podium.*

Vorgesehen ist eine Verteilung der Rollenkarten an alle Schülerinnen und Schüler. Das Schildern der angenommenen Rolle darf und soll auch durch eigene Einfälle angereichert sein, solange die angegebenen Basisinformationen damit nicht in Widerspruch geraten. Die Diskussion wird ohne Leitung geführt. Sie soll so kontrovers wie möglich verlaufen und alle Argumente der Rollenkarten zur Geltung bringen. Eine Einigung muss am Ende nicht erfolgen.

3. *Verfasst aus eurer Rollenperspektive einen Tagebucheintrag des nachfolgenden Morgens, in dem ihr das Gespräch im Salon erinnert.*

Der Tagebucheintrag soll stilistisch sehr subjektiv verfasst sein und auch Urteile und emotionale Erregung über das Verhalten der Gesprächspartner im Salon enthalten. Zur inhaltlichen Fundierung dürfen die Arbeitsblätter 25 und 26 als Hilfsmittel verwendet werden. Die Tagebucheinträge werden abschließend vorgelesen und kommentiert.

5.3 Ausführliche Programme von Hector Berlioz und Franz Liszt im Vergleich (Arbeitsblatt 27, S. 91)

Hector Berlioz (1803–1869) hat mit seiner *Symphonie fantastique* 1830 erstmals ein sehr ausführliches, selbst verfasstes Programm beigefügt und damit die musikgeschichtliche Phase der Programmmusik im engeren Sinne eingeläutet. Unter den sehr verschiedenen Arten programmatischer Hinweise ist die des ausführlichen Textes in den nachfolgenden Jahrzehnten von keinem Komponisten konsequent bevorzugt worden (schon Berlioz' zweites viel beachtetes Orchesterwerk *Harold in Italien* ist auf kürzere Überschriften und Anmerkungen reduziert). Sie bildet also keinen wirklichen Typus aus. Hält man aber mehrere der längeren Programmtexte nebeneinander, so fällt eine Gemeinsamkeit auf: Offenbar haben nur auf diesem Wege der persönliche Anlass des Komponierens und die Wahl des Themas genug Raum mitgeteilt zu werden. Bei Berlioz ist es die Vision von einer Künstlerpersönlichkeit und ihrem Schicksal; Franz Liszts *Tasso* (1849) ist von einem Reiseerlebnis inspiriert. Zeitgemäß verbergen beide Komponisten ihr „Ich" hinter grammatikalischen Alternativen („wir" bzw. „der Komponist").
Die Textarbeit ist aufgrund der zum Teil schwärmerischen Sprache für Schüler eine Herausforderung. Es kommt hier aber nicht auf die Entschlüsselung der Inhalte zur Person des historischen Tasso oder zur Liebesgeschichte des „jungen Musikers" an, sondern gerade auf den emotionalen Gehalt der Sprache. Dieser soll herausgearbeitet und anhand der Musik nachvollzogen werden. Am Ende steht der eigene Versuch der Schüler, ein individuelles Programm zu formulieren (**Arbeitsblatt 27, S. 91**).

1. *Lest die beiden Programme von Berlioz und Liszt, bevor ihr die entsprechende Musik hört. Unterstreicht die wichtigsten außermusikalischen Bezüge und formuliert einen Satz, der zusammenfasst, was beide Komponisten mit ihrem Text beabsichtigen.*

2. *Markiert, welche Textpassagen direkt auf die Musik eingehen. Überprüft beim Hören der beiden Musikstücke, wie euch der Text auf das Hören vorbereitet hat.*

Musikbeispiel: Hector Berlioz: Symphonie fantastique (Beginn)

Hörbeispiel 40: Franz Liszt: Tasso, Dauer: 1:15

Programmmusik: zwei Programme im Vergleich

Berlioz, *Symphonie fantastique*	Liszt, *Tasso*
Außermusikalische Bezüge	
• fiktive Musikerbiografie (Liebesgeschichte) • vielfältige, wechselhafte Emotionen	• historischer Dichter Torquato Tasso • Reiseerlebnis: die singenden Gondelführer in Venedig
Vermutete Absichten beider Komponisten 1.) Einbringung der eigenen Person und Mitteilung des kompositorischen Anlasses 2.) Schilderung der außermusikalischen Handlungen und Emotionen sowie der musikalischen Strukturen, die beim Hören wiedererkannt werden sollen	
Beschreibung der Musik	
• Anfangsmotiv als wiederkehrende *idée fixe*	• Vortragsweise der Gondelführer • venezianische Melodie, deren Struktur und Wirkung

3. *Verfolgt die venezianische Melodie aus Liszts Tasso in den Noten mit. Umkreist Stellen, auf welche sich die Beschreibung des Programms zu beziehen scheint, und verbindet sie mit den entsprechenden Textstellen. Fasst zusammen, ob die beschriebenen Emotionen zur Musik mit euren eigenen übereinstimmen.*

Die Beschreibung Liszts ist allgemein und ohne präzisen Notenbezug, daher muss die Zuordnung der Schüler subjektiv ausfallen. Eine Auswahl an Möglichkeiten:

- Verbleiben auf Anfangston (T. 1 – 3) →„langsame Bewegung", „monotone Schwermut"
- Erreichen des Spitzentons (T. 4) → „nagender Schmerz"
- diminuierende Triolen (T. 6) → „unheilbare Trauer", „Empfindung seufzender Klage"

4. *Überlegt, was für euch selbst eine Inspirationsquelle sein könnte, Musik zu erfinden. Macht euch wenige Stichpunkte zu der Musik, die euch vorschwebt, und formuliert dann für die zukünftigen Hörer ein Programm im Umfang von einer halben Seite.*

Die Inspirationsquelle kann alles sein, was die Schülerinnen und Schüler in letzter Zeit nachhaltig beschäftigt hat: persönliche Erlebnisse auf Reisen, bei Hobbys, in sozialen Kontakten, mit Haustieren; fiktive oder reale Schicksale anderer; Themen aus Büchern und Bildern bzw. Fotos; politische und gesellschaftliche Ereignisse; mögliche Zukunftsszenarien aller Art etc. Eine Gliederung, angelehnt an die Inhalte bei Berlioz und Liszt, ist hilfreich:
(a) Beschreibung der persönlichen Inspiration – (b) Ausführung des Inspirationsgegenstandes – (c) Charakter und/oder Verlauf der geplanten Musik.

Zusatzinformationen zu Musik, Kunst und anderem – ein Gewinn?

*) Unter Nieten verstehe ich nämlich hier die Viertelpausen. Ich will übrigens nicht hoffen, dass man die obigen Worte auf diese sechzig Handstücke anwendbar finden möge.

Abb. 1: Daniel Gottlob Türk (1750–1813): *Handstücke für angehende Klavierspieler*

1. *Hört das Stück oder spielt es auf einem Instrument (bzw. verteilt auf zwei Instrumenten).*

2. *Lest die programmatische Überschrift des Stücks und die dazugehörige Fußnote. Überprüft, ob auf das vorliegende Beispiel zutrifft, was der Komponist Richard Strauss 100 Jahre später über ein musikalisches Programm und seinen Nutzen geäußert hat: „Wen es interessiert, der benütze es. Wer wirklich Musik zu hören versteht, braucht es wahrscheinlich gar nicht."*[1]

3. *Betrachtet Abbildung 2, ein Beispiel aus der bildenden Kunst. Macht euch bewusst, worauf sich euer Blick zuerst konzentriert hat und zu welchem Zeitpunkt ihr den Titel der Zeichnung wahrgenommen habt.*

4. *Beurteilt, ob euch der Titel gewinnbringend oder überflüssig vorkommt, und diskutiert darüber mit euren Nachbarn.*

Abb. 2: Pablo Picasso: Kamel

5. *Beobachtet euer Verhalten, wenn ihr euch in verschiedene Alltagssituationen hineinfindet. Kreuzt an:*

Alltagssituation	Gewohntes Verhalten A	X	Gewohntes Verhalten B	X
Ich schalte einen Fernsehfilm an, der schon begonnen hat.	Ich erschließe mir Handlung, Spielort und -zeit des Films selbst.		Ich hole mir sofort Informationen, um was für einen Film es sich handelt.	
Ich stoße zu einem Gespräch hinzu.	Ich höre zu, bis mir klar wird, worum es in dem Gespräch geht.		Ich frage gleich, was das Thema der Unterhaltung ist.	
Ich sehe einen besonderen Baum, eine Blume oder einen Vogel.	Ich genieße die Naturerscheinung und merke sie mir, lasse es aber offen, ob ich mich eventuell später darüber informiere.		Ich habe sofort den Impuls, jemanden zu fragen oder Medien zu gebrauchen, um mir Informationen über das Beobachtete zu beschaffen.	

6. *Notiert aufgrund der Ergebnisse aus den Aufgaben 1 bis 5 eine Selbsteinschätzung, wie ihr in der Regel mit direkten Erfahrungen und Zusatzinformationen umgeht.*

1 zitiert nach: Mathias Hansen, Richard Strauss. Die Sinfonischen Dichtungen, Kassel 2003, S. 18

Ein Klavierstück aus dem Jahr 1838 von Robert Schumann

Für mich passender Titel:	
Originaltitel:	

R. Schumann
Op. 15, Nr. 4

1. *Hört das Stück bis zum Ende an und gebt ihm anschließend gemäß eurer Assoziation eine passende Überschrift. Begründet eure Entscheidung.*
2. *Lasst euch von eurem Lehrer die originale Überschrift mitteilen. Vergleicht eure und Schumanns Version und ermesst, wie weit beide auseinander liegen.*
3. *Lasst euch von eurem Lehrer den Titel der gesamten Gruppe von Klavierstücken mitteilen. Spekuliert mit Blick auf diesen Titel, die Überschrift des Einzelstücks wie auch das Anforderungsniveau der Noten, an welchen Adressatenkreis sich die Kompositionen gerichtet haben mochten. Lasst euch in Bezug auf das Anforderungsniveau von Mitschülern helfen, die Klavier spielen.*

Streit um Musik und Überschriften – Ein Rollenspiel mit Robert Schumann

Im Jahr 1839 geraten in einem privaten Leipziger Salon fünf Musikinteressierte in eine heftige Diskussion. Es geht um Robert Schumanns kürzlich erschienene Sammlung von Klavierstücken, *Kinderszenen op. 15*, und um die Frage, welche Berechtigung programmatische Überschriften wie *Träumerei, Bittendes Kind* oder *Am Kamin* haben.

Robert Schumann, Komponist	
Wer du bist:	Du bist Komponist und Pianist, 29 Jahre alt. Du lebst hier in Leipzig. Seit deiner Fingerlähmung an der rechten Hand hast du deine Solistenkarriere aufgegeben und komponierst nur noch. Dein großes Vorbild ist Beethoven, der ja bekanntlich vor zwölf Jahren gestorben ist. Jetzt braucht die Welt dringend wieder neue intelligente Musik!
Deine Meinung zu Programmmusik-Texten und Überschriften	• Programmmusik ist etwas für Scharlatane! Nur die suchen sich zuerst ein Thema und einen Titel und komponieren das dann in der Musik nach. Wahre poetische Musiker brauchen das nicht. • Programme haben auch etwas Unwürdiges für das Publikum. Die deutschen Zuhörer hältst du für feinsinnig: Sie wollen nicht durch solche Wegweiser grob geleitet werden. • Mit deiner eigenen Musik ist das etwas ganz anderes: Die *Kinderszenen* beispielsweise haben zwar Überschriften; aber die hast du erst nach dem Komponieren dazugeschrieben. Es sind auch keine Programme für die Zuhörer, sondern nur feine Fingerzeige für die ausführenden Pianisten.
Deine Meinung zu deinen *Kinderszenen* op. 15	• Die *Kinderszenen* hast du letztes Jahr, 1838, geschrieben. Sie sind nicht als Kindermusik gedacht, auch wenn sie nach deiner Einschätzung leicht zu spielen sind. Vielmehr sind es Erinnerungen an die Kindheit, vorgetragen von einem Älteren für einen Älteren. Du bist dir bewusst, dass dies neuartig ist. • Deine Verlobte Clara spielt die Stücke wunderschön. Intendant Breitleib sollte sie damit ruhig einmal für ein Konzert engagieren!

Ludwig Rellstab, Musikkritiker	
Wer du bist:	Du bist 40, Musikkritiker, wie auch schon dein Vater. Da du ebenso Dichter bist, kannst du gut mit Sprache umgehen. Was dir schlecht erscheint, das kritisierst du scharf – so scharf, dass du dafür schon inhaftiert worden bist. Du hast übrigens deine eigene Musikzeitschrift und kannst alles kommentieren, was dich interessiert.
Deine Meinung zu Programmmusik-Texten und Überschriften	• Gegen Überschriften und länger ausformulierte Programme hast du grundsätzlich nichts. Programmmusik kann sehr gut gemacht sein. • Allerdings müssen Programme gut verständlich und damit dem Zuhörer eine echte Stütze sein. Schließlich geht es bei Programmmusik darum, beliebiges Hineininterpretieren zu verhindern. Mithilfe des Programms wollen wir verstehen, was der Komponist sich bei seiner Musik gedacht hat.
Deine Meinung zu Schumanns *Kinderszenen* op. 15	• Schumanns *Kinderszenen* hältst du zum Teil für gelungen; aber wie sie im Druck präsentiert sind: ganz und gar missverständlich. • Mit dem Namen *Kinderszenen* verheißt uns der Komponist leichte Klavierstücke, doch in Wahrheit sind sie viel zu schwer. Ein Kind, das nicht drei Hände hat (und selbst dann würde ihm manches schwerfallen), kann diese kleinen Stückchen nicht spielen. • Und die programmatischen Überschriften der einzelnen Stückchen: *Von fremden Ländern und Menschen, Am Kamin* – das sind doch wahrlich keine kindgemäßen, geistigen Gehalte. Eine ärgerliche Irreführung!

Johann Breitleib, Musikverleger und Intendant	
Wer du bist:	Du bist Inhaber eines Musikverlags und Intendant des Leipziger Konzerthauses. Mit 58 Jahren hast du es geschafft: Das städtische Musikleben pulsiert und du bist ein angesehener, wohlhabender Mann. Man reißt sich geradezu darum, bei dir seine Kompositionen drucken und in deinem Hause aufführen zu lassen.
Deine Meinung zu Programmmusik-Texten und Überschriften	• Programmatische Überschriften und Texte sind dir jederzeit willkommen! Sie sind nämlich äußerst beliebt beim Publikum. • Die Zeit einer „Sinfonie Nummer sowieso“ und einer „Sonate Nummer sowieso“ geht dem Ende zu; kaum sind auf den Plakaten hingegen die *Tragische Sinfonie*, die *Pastorale* oder *Papillons* angekündigt, klingelt die Kasse und alle wollen das Konzert hören.
Deine Meinung zu Schumanns *Kinderszenen* op. 15	• Der Verkauf der Noten *Kinderszenen* von Herrn Schumann läuft etwas schleppend an, trotz des reizvollen Titels und der hübschen Überschriften der einzelnen Stückchen. Vielleicht sind sie schlichtweg zu schwer zu spielen. • Für deine Konzerthaus-Abende kannst du Kindermusik nicht gebrauchen; so etwas gehört in die heimische Stube, findest du.

Heinrich Hebel, Musikfreund	
Wer du bist:	Du bist Volksschullehrer, 50 Jahre alt. Musik magst du sehr: auf Festen, im Gesangsverein ... und einmal im Jahr leistest du dir auch eine Eintrittskarte im Konzerthaus. Ein Instrument spielst du nicht, aber eine Cousine von dir spielt Klavier.
Deine Meinung zu Programmmusik-Texten und Überschriften	• Zum Glück gibt es programmatische Überschriften und Texte! Wie könntest du sonst je herausfinden, worum es in der Musik geht? • Du freust dich darüber, dass es heute Konzerte gibt, bei denen man Werktitel liest, deren Gehalt man dann wieder aus der Musik heraushören darf. Das gab es in deiner Kindheit noch nicht.
Deine Meinung zu Schumanns *Kinderszenen* op. 15	• Deine Cousine hat Schumanns *Kinderszenen* geschenkt bekommen, von einem Kind, dem das viel zu schwer war. Deiner Cousine ist es allerdings auch zu schwer. • Du selbst weißt also nicht, wie die *Kinderszenen* klingen. Aber die Überschriften begeistern dich: wie aus einem fantastischen Roman!

Conrad Cognitus, Musikfreund	
Wer du bist:	Du bist Oberbibliotheksrat, 48 Jahre alt. Wöchentlich gehst du in die Konzerte unserer Stadt. Deine Frau ist Sängerin und deine Kinder bekommen Instrumentalunterricht. Du hast früher Orgel gespielt.
Deine Meinung zu Programmmusik-Texten und Überschriften	• Programmmusik ist, nun ja, etwas für einfache Gemüter. • Du selbst könntest wohl auf solche Betitelungen verzichten. • Für Kenner der Musik erschließt sich der Charakter von Werken auch ohne erklärende Worte.
Deine Meinung zu Schumanns *Kinderszenen* op. 15	• Die *Kinderszenen* sind sehr interessante Stücke. Sehr modern! • Eure ältere Tochter kann einiges davon spielen. • Gewiss, die Überschriften sind nichts für Kinder. Aber das macht nichts: Das Fräulein Tochter muss euch ja nur die Musik vorspielen; ihr Erwachsenen könnt danach ein anregendes Gespräch führen.

1. *Wählt eine Rolle und versetzt euch in sie hinein, indem ihr eurem Tischnachbarn eure Lebenssituation („Wer du bist“) schildert.*

2. *Führt zu fünft die erwähnte Diskussion, in Gruppen oder auf dem Podium.*

3. *Verfasst aus eurer Rollenperspektive einen Tagebucheintrag des nachfolgenden Morgens, in dem ihr das Gespräch im Salon erinnert.*

Ausführliche Programme von Hector Berlioz und Franz Liszt im Vergleich: *Symphonie fantastique* und *Torquato Tasso*

1. *Lest die beiden Programme von Berlioz und Liszt, bevor ihr die entsprechende Musik hört. Unterstreicht die wichtigsten außermusikalischen Bezüge und formuliert einen Satz, der zusammenfasst, was beide Komponisten mit ihrem Text beabsichtigen.*

2. *Markiert, welche Textpassagen direkt auf die Musik eingehen. Überprüft beim Hören der beiden Musikstücke, wie euch der Text auf das Hören vorbereitet hat.*

Hector Berlioz, *Symphonie fantastique* (1830), Vorbemerkung. Daraus: Erster Satz. TRÄUME – LEIDENSCHAFTEN

Der Komponist[1] stellt sich vor, dass ein junger Musiker [...] zum ersten Mal eine Frau sieht, die in sich alle Reize des Idealwesens vereinigt, das er sich in seiner Vorstellung erträumt hat, und dass er sich sterblich in sie verliebt. Eigentümlicherweise zeigt sich das geliebte Bild dem geistigen Auge des Künstlers nie, ohne mit einem musikalischen Gedanken verbunden zu sein, in welchem er einen gewissen leidenschaftlichen, aber noblen und schüchternen Charakter erkennt, wie er ihn auch dem geliebten Wesen zuschreibt.
Dieses musikalische Bild und dessen Vorbild verfolgen ihn unaufhörlich wie eine doppelte *idée fixe*[2]. Dies ist der Grund, warum das Anfangsmotiv des ersten *allegro* konstant in allen Sätzen der Sinfonie wiedererscheint. Der Übergang aus dem Zustand melancholischen Träumens, unterbrochen durch einige Anwandlungen zielloser Freude, zu jenem einer verzückenden Leidenschaft mit ihren Regungen von Zorn und Eifersucht, ihren Rückfällen in Zärtlichkeit, ihren Tränen, ihrem Streben nach religiösen Tröstungen – dies ist der Gegenstand des ersten Satzes.

(zitiert nach: Nicholas Temperley (Hg.): Hector Berlioz, Symphonie fantastique. Urtext of the New Berlioz Edition, Kassel u. a.: Bärenreiter 1972, S. 3)

Franz Liszt, Tasso (1849), Vorwort. Auszug

Tasso[3] lebte und litt in Ferrara, er wurde in Rom gerächt, und er lebt noch heute in den Volksgesängen Venedigs. Diese drei Momente sind von seinem unvergänglichen Ruhme untrennbar. Um sie musikalisch wiederzugeben [...], entlehnten wir[4] [...] zum Thema unseres musikalischen Gedichtes die Melodie, auf welche wir venezianische Lagunenschiffer drei Jahrhunderte nach des Dichters Tode die Anfangsstrophen seines *Jerusalems* singen hörten [...].
Das Motiv selbst hat eine langsame Bewegung, es teilt die Empfindung seufzender Klage, monotoner Schwermut mit; die Gondoliere[5] geben ihm aber durch das Ziehen gewisser Töne eine ganz eigentümliche Färbung, und die melancholisch gedehnten Klänge machen aus der Ferne einen Eindruck, als wenn lange Streifen verklärten Lichtes vom Wellenspiegel zurückgestrahlt würden. Dieser Gesang hatte uns einst lebhaft ergriffen, drängte er sich uns gebieterisch zum Text unserer Gedanken auf [...]. Die venezianische Melodie ist so voll von unheilbarer Trauer, von nagendem Schmerz, dass ihre einfache Wiedergabe genügt, um Tassos Seele zu schildern.

(zitiert nach: Peter Cornelius (Hg.): Franz Liszt, Sinfonische Dichtungen für Klaviere zu vier Händen, Leipzig: Breitkopf & Härtel o.J., S. 1)

3. *Verfolgt die venezianische Melodie aus Liszts Tasso in den Noten mit. Umkreist Stellen, auf welche sich die Beschreibung des Programms zu beziehen scheint, und verbindet sie mit den entsprechenden Textstellen. Fasst zusammen, ob die beschriebenen Emotionen zur Musik mit euren eigenen übereinstimmen.*

4. *Überlegt, was für euch selbst eine Inspirationsquelle sein könnte, Musik zu erfinden. Macht euch wenige Stichpunkte zu der Musik, die euch vorschwebt, und formuliert dann für die zukünftigen Hörer ein Programm im Umfang von einer halben Seite.*

---

1 „Der Komponist" = ich
2 Wahnidee, Zwangsgedanke
3 Torquato Tasso, italienischer Dichter (1544–1595)
4 „wir" = ich
5 Führer der flachen, kiellosen Boote in Venedig

Anhang I: Definition und Grenzbereiche der Programmmusik

Wortherkunft:

„Programm" kommt von dem griechischen Wort *prographein* = vorher schreiben, öffentlich hinschreiben. *Programma* ist das vorher (also hier: vor der Musik) Aufgeschriebene. Im Jahr 1855 haben Franz Liszt und der österreichische Musikhistoriker August Wilhelm Ambros den Begriff Programmmusik in die Fachwelt eingeführt.

Definition Programmmusik im weiteren Sinne:	Definition Programmmusik im engeren Sinne:
Instrumentalmusik mit einem außermusikalischen Bezug, der vom Komponisten durch eine Überschrift oder einen vorangestellten Text verdeutlicht wird	Selbstständige Orchestermusik seit 1830 mit einem zugrunde liegenden außermusikalischen Bezug, auf den der Komponist in einer Überschrift oder einem vorangestellten Text hinweist und der den Schaffensprozess maßgeblich geprägt hat

Anmerkung

Die enger gefasste Definition beruht auf den Diskussionen des 19. Jahrhunderts, in welchen der Begriff Programmmusik erstmals verwendet wurde (vgl. Baustein 5). Seither wird Berlioz' *Sinfonie Fantastique* von 1830 als Prototyp der Programmmusik gesehen, deren weitere Entwicklung ebenfalls vor allem Gattungen für Orchester (wie die sinfonische Dichtung) hervorgebracht hat. Unselbstständige Instrumentalstücke wie Zwischenmusiken aus Bühnenwerken folgen eigenen Traditionen und werden hiervon abgegrenzt.

Programmmusik anders aufgefasst: Dmitri Schostakowitsch

Allerdings gab es nie eine von der Fachwelt einhellig anerkannte Definition von Programmmusik. Eine ganz eigene Auffassung hat beispielsweise der Komponist Dmitri Schostakowitsch: Für ihn sind alle Werke programmatisch, die „zutiefst inhaltsreich" sind – unabhängig davon, ob sie eine entsprechende Überschrift haben oder nicht. Subjektiv beschreibt er, wie er in einem bestimmten Klavierpräludium von J. S. Bach „ganz klar den tiefen und erregenden Ausdruck menschlichen Kummers" wahrnehme, während er bei einem anderen „die Vorstellung der Kindheit, der Treuherzigkeit, Naivität und des Frohsinns"[1] habe. Als weitere in diesem Sinne „inhaltsreiche" Beispiele nennt er die Sinfonien von Haydn, Mozart, Tschaikowsky und Glasunow, woraus ersichtlich wird, dass auch der zeitliche Rahmen für Schostakowitsch offen ist.

[1] Dmitri Schostakowitsch, Über wahre und scheinbare Programmmusik, in: Sowjétskaja Músyka 5/1951, deutsche Fassung in: Musik und Gesellschaft 10/1952, S. 324

Programmmusik oder nicht? Sechs Grenzfälle	
1.) Ältere Orchesterwerke mit Beitexten oder Überschriften Beispiel: Antonio Vivaldi, *Die vier Jahreszeiten* (1725)	• Im weiteren Sinne ist dies Programmmusik. Außermusikalischer Gegenstand ist der Jahresverlauf. Das vorangestellte programmatische Gedicht wird Vivaldi zugeschrieben. • Allerdings ist Vivaldi weit von den Vorstellungen der Musiker des 19. Jahrhunderts entfernt, die den Begriff Programmmusik prägten. Diese, allen voran Liszt, wollten nicht nur musikalisch abbilden, sondern die ganze Musikgattung der Sinfonie erneuern und die Musik im Spektrum der Künste neu positionieren (s. Baustein 5).
2.) Ouvertüren (Theatermusiken) Beispiel: Ludwig van Beethoven, Ouvertüre zu Goethes Trauerspiel *Egmont* (1810)	• Sofern die Ouvertüre unabhängig von dem Schauspiel in einem Konzertsaal aufgeführt wird, erfüllt sie alle Kriterien der Programmmusik: Sie ist nun eine selbstständige Instrumentalkomposition, deren außermusikalischer Gegenstand *Egmont* vor dem Hören bekannt gegeben wird.
3.) Charakterstücke Beispiel: Robert Schumann, *Kinderszenen* (1838) vgl. Baustein 5	• Charakterstücke haben einen außermusikalischen Gegenstand, der in der Überschrift deutlich wird. • Jedoch unterscheidet man sie von Programmmusik, da Charakterstücke keine Entwicklung aufweisen. Ausschnittartig zeichnen sie eine einheitliche Stimmung wie die eines unbeweglichen Bildes.
4.) Filmmusik Beispiel: John Williams, *Star Wars* (1977–2008)	• Filmmusik nutzt viele kompositorischen Mittel, welche in Oper und Programmmusik entwickelt worden sind. So finden sich in *Star Wars* beispielsweise subjekt- und objektbezogene Tonmalerei wie auch Leitmotive. • Filmmusik ist aber keine Programmmusik, denn sie ist funktional an das Bild gebunden. Somit gibt es für den Hörer keinen Spielraum, in dem auf der Grundlage des Titels *Star Wars* viele unterschiedliche Assoziationen entstehen könnten.
5.) Jazzstandards aus dem Real Book Beispiel: Gene de Paul, *I'll remember April* (1941)	• Jazzstandards, die heute vor allem in instrumentalen Aufnahmen bekannt sind, waren meistens ursprünglich gesungene Lieder. *I'll remember April* erklang in einem Western. Der Titel hatte somit nicht die Funktion, bei Instrumentalmusik als programmatischer Wegweiser die Assoziationen des Publikums zu lenken. • Jazzstandards können in ihrer Kürze mit Charakterstücken (s.o.) verglichen werden. Die Stimmung weist kaum Entwicklungen innerhalb solcher Songverläufe auf. Änderungen liegen allenfalls zwischen A- und B-Teilen.
6.) Populäre Instrumentalmusik Beispiel: Instrumental Champions, *The House of the rising Sun* (2012, ursprünglich *The Animals* 1964)	• Die meisten instrumentalen Popmusiktitel, die verkauft werden, sind Instrumentalversionen von erfolgreichen vokalen Songs, also gelten für sie hinsichtlich des Begriffs Programmmusik ähnliche Einwände wie für Jazzstandards (s.o.). • Allerdings weist das breite Spektrum populärer Musikstile auch eine Reihe von Instrumentalkompositionen auf, in denen der Bezug zwischen programmatischer Überschrift und musikalischem Charakter unüberhörbar ist (etwa in allgemeinen Stimmungen von Aggression, Hektik oder Harmonie wie bei Midori, *Peace*, 2008). In Einzelfällen zählt auch Tonmalerei zu Gestaltungsmitteln (wie im Klassiker *The Star-Spangled Banner* von Jimi Hendrix, 1969) oder Titel weisen auf gesampelte Geräusche im Stück hin (wie in *Panzer* von Ascion & D. Carbone, 2010). • Aspekte von Programmmusik sind unter anderem in Progressive Rock, New Age, Ambient, Surf Rock, Art Rock, Black Metal und Techno vorhanden. Dennoch ist der Begriff Programmmusik hier sehr unüblich, was wohl durch die stilistische Entfernung von romantischer Orchestermusik begründet ist.

Aufgabe zu Definition und Grenzfällen:

Die Schüler suchen im Internet Aufnahmen und Hintergrundinformationen zu den nachfolgend aufgelisteten Musikstücken und

1) überprüfen anhand der oben abgedruckten Definitionen, ob es sich im engeren Sinne um Programmmusik handelt,
2) diskutieren, ob sie diese in Anlehnung an Schostakowitsch als „zutiefst inhaltsreich" empfinden (subjektiv).

Liste zur Aufgabe:

a) Felix Mendelssohn Bartholdy, Ouvertüre zu *Ein Sommernachtstraum* op. 21
b) Stonephace, *Rotor*
c) John Williams, *Hedwigs Theme* aus „Harry Potter"
d) Leopold Mozart, Sinfonie *Die Bauernhochzeit* LMV VIII:6
e) Bedřich Smetana, *Die Moldau*
f) Ludwig van Beethoven, *Mondscheinsonate* op. 27 Nr. 2

Lösungen:

	Programmmusik?	**Begründung**
a)	Ja.	Begründung gemäß Grenzfall 2 (Ouvertüren)
b)	Nein, jedoch Elemente davon.	Lautmalerische Abbildung des Rotors im gleichbleibenden Rhythmus; Begründung gemäß Grenzfall 6 (Populäre Instrumentalmusik), jedoch ist dies sogar vom Ursprung her Instrumentalmusik.
c)	Nein.	Begründung gemäß Grenzfall 4 (Filmmusik)
d)	Ja, im weiteren Sinne.	Begründung gemäß Grenzfall 1 (Ältere Orchesterwerke mit Beitexten oder Überschriften)
e)	Ja, im engeren Sinne.	
f)	Nein.	Der Titel stammt nicht vom Komponisten.

Anhang II: Tonmalerei – Beliebte Mittel der musikalischen Abbildung

Vorbemerkung

Die nachfolgende Tabelle bezieht sich auf abbildende kompositorische Mittel, die in ähnlicher Weise von verschiedenen Komponisten verwendet wurden und demnach als „typisch" gelten können. Mit Tonmalerei ist hier kein Subjektbezug im Sinne einer Affektenlehre, sondern ein eindeutiger Objektbezug gemeint, also die Nachahmung äußerlicher Dinge und Umstände (siehe die Unterscheidung in Baustein 4). Dabei stammen die Titel mancher Werke nicht von den Komponisten selbst; sie wurden dennoch in die Liste mit aufgenommen, weil die kompositorischen Mittel der Abbildung in Bezug auf den betreffenden Gegenstand maßgebend geblieben sind.

Außermusikalischer Gegenstand		**Kompositorisches Mittel und Nachweis**
Kategorie	**Beispiel**	
Bewegungen und Stille	Aufwärts- und Abwärtsbewegung	Entsprechende Melodierichtung nach oben bzw. unten → Leopold Mozart, *Eine musikalische Schlittenfahrt* (LMV VIII:8)
	Sprung	Größere melodische Intervalle → *Der Flohwalzer* (volkstümliches Klavierstück) 
	Allmähliches Annähern	*crescendo* → Ludwig van Beethoven, *Wellingtons Sieg*, Beginn: Englische und französische Truppen nähern sich einander mit Trommeln und Fanfaren von *p* bis *ff*.
	Flucht	Nacheinander einsetzende, sich zuzusagen „verfolgende" Stimmen, klassischerweise in Fugen → Johann Kuhnau, *Musicalische Vorstellung einiger biblischer Historien*, Sonata 5: fugenartige Passagen im Abschnitt „Flucht der Feinde und das Nacheilen der Israeliten"
	Humpeln	Taktschwerpunkte auf unüblichen Zählzeiten, beispielsweise nicht am Taktbeginn → Daniel Gottlob Türk, *Die beyden Siechen* 
	Schlafen, Tod	Längere Liegetöne → Johann Sebastian Bach, *Weihnachtsoratorium* BWV 248, Nr. 19: *Schlafe, mein Liebster*
	Zittern	Triller → Giovanni Gabrieli, Motette *Timor et tremor*

Außermusikalischer Gegenstand		**Kompositorisches Mittel und Nachweis**
Kategorie	**Beispiel**	
Natur	Beben	Tremolo → Johann Sebastian Bach, *Johannes-Passion* BWV 245, Nr. 33: *Und siehe da* 
	Donner	Paukenschläge → Georg Philipp Telemann, *Donner-Ode* TWV 6:3
	Blitz	Schnelle, hektische Folge von Sprüngen, etwa in Dreiklangsstruktur → John Mundry, Fantasia *Faire Wether* 
	Sturmgeheul	Größere Bögen aus chromatischen Intervallen, verbunden mit *crescendo* und *decrescendo* → Richard Wagner, *Der fliegende Holländer* (Ouvertüre) 
	Regen	Tonrepetitionen → Frédéric Chopin, Prélude Des-Dur *Regentropfen-Prélude* (Titel nicht von Chopin)
	Quelle und Fluss	Kleine bzw. größere Melodiebögen, die von flirrenden Trillern in Sekunden und Terzen durchsetzt sind → Bedřich Smetana, *Die Moldau*
	Gebirge	Echo-Effekt durch Wiederholungen im *piano* → Daniel Gottlob Türk, Klavierstück *Die Waldhörner und das Echo*
Tierstimmen	Vogelgesang	Triller, Repetitionen, Kuckucks-Terzen u. a. → Ludwig van Beethoven, *Pastorale* (siehe Baustein 4 in diesem Band)
	Hundegebell	In kleinen Gruppen gebündelte Tonwiederholungen in mittlerer Lage, dazwischen Pausen → Antonio Vivaldi, *Die vier Jahreszeiten, Frühling,* II: *Largo e pianissimo sempre.* Anmerkung in der Bratschen-Stimme: „Der bellende Hund" 

Außermusikalischer Gegenstand		**Kompositorisches Mittel und Nachweis**
Kategorie	**Beispiel**	
Tierstimmen	Katzen-Miauen	Weite Bögen oder Glissandi abwärts → Gioachino Rossini, *Duetto buffo di due gatti* (Katzenduett)
	Pferde-Wiehern	Hoch ansetzende, in hektische Einzelteile untergliederte Melodie abwärts → Leopold Mozart, *Eine musikalische Schlittenfahrt* (LMV VIII:8) 
	Eselsruf	Sehr hoher, schriller Ton (= Einatmen) im Wechsel mit einem tiefen, etwas längeren (= Ausatmen) → Camille Saint-Saëns, *Karneval der Tiere* 
Menschliche Stimme	Frage, Bitte	Halbschluss → Carl Philipp Emanuel Bach, *Triosonate* c-Moll Wq 161 Nr. 1. Der Tradition gemäß bedeutet auch für diesen Komponisten das Innehalten auf der V. Stufe „wegen des halben Schlusses in der Quinte, eine Frage“ (Vorwort zur Partitur von 1749).
	Antwort, Bestätigung	Ganzschluss → zahlreiche Belege, darunter auch am Ende der genannten *Triosonate* von Carl Philipp Emanuel Bach
	schnelles Erzählen (Klatsch)	Bewegte, ununterbrochene Melodie mit vielen Richtungsänderungen in raschem Tempo → Modest Mussorgsky, *Der Markt von Limoges* (siehe Baustein 2 in diesem Band)
	Seufzen	Vorhalt → Johann Sebastian Bach, h-Moll Messe BWV 232: *crucifixus est* (Er ist gekreuzigt worden) 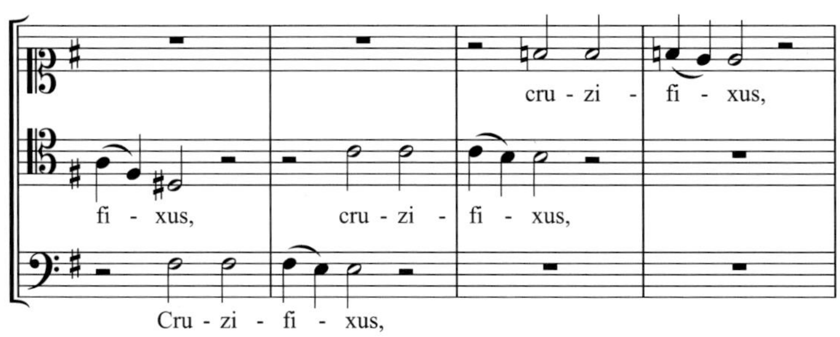

Außermusikalischer Gegenstand		**Kompositorisches Mittel und Nachweis**
Kategorie	**Beispiel**	
Technik	Eisenbahn	Monotoner Rhythmus im geraden Takt, sehr allmählich schneller werdend *(accelerando)* → Arthur Honegger, *Pacific 231*
	Fabrik	Mehrere sich überlagernde monotone Rhythmen mit starken Akzenten, dissonanzreiche Mehrstimmigkeit → Alexander Mossolow, *Die Eisengießerei*
	Uhr	Permanenter Wechsel zwischen zwei verschiedenen, sehr kurz angeschlagenen Tönen → Joseph Haydn, Sinfonie Nr. 101 D-Dur *Die Uhr* (Titel nicht von Haydn), II: *Andante* 2 Fagotti 
Schlacht	Kanonen, Gewehre	Auf dem Bogenholz schlagende Streicher (*col legno*-Technik), Fanfaren, Pauken, Becken und erweitertes Schlaginstrumentarium zur Imitation von Gewehrschüssen und Kanonensalven → Franz Liszt, Sinfonische Dichtung Nr. 11 *Hunnenschlacht*. In Ludwig van Beethovens Schlachtensinfonie *Wellingtons Sieg* op. 91 werden am Beginn extragroße Pauken verwandt.

Literaturverzeichnis

Werner Abegg, *Programmmusik im Unterricht*, Regensburg 1989.

Detlef Altenburg, Art. *Programmmusik*, in: Ludwig Finscher (Hg.), *Die Musik in Geschichte und Gegenwart*, Sachteil, Bd. 7, Kassel etc. 1997, Sp. 1821-1844.

Erwin Bodky, *Das Charakterstück* (Reihe *Musikalische Formen in historischen Reihen*, Bd. 12), 2. Aufl. Wolfenbüttel 1960.

Carl Dahlhaus, *Die Idee der absoluten Musik*, Kassel 1978.

Wolfgang Dömling, *„Ganz Deutschland schenkt es ihm": Berlioz, Schumann und die sogenannte Programmmusik*, in: Matthias Brzoska et al. (Hg.), *Hector Berlioz. Ein Franzose in Deutschland*, Essen 2003, S. 128-133.

Monika Fink, *Musik nach Bildern: programmbezogenes Komponieren im 19. und 20. Jahrhundert*, Innsbruck 1988.

Constantin Floros et al. (Hg.), *Programmmusik: Studien zu Begriff und Geschichte einer umstrittenen Gattung* (= Hamburger Jahrbuch für Musikwissenschaft, Bd. VI), Frankfurt/M. 1983.

Albrecht Goebel (Hg.), Programmmusik. Analytische Untersuchungen und didaktische Empfehlungen für den Musikunterricht in der Sekundarstufe, Mainz 1992.

Rainer Schmusch, *Der Tod des Orpheus. Entstehungsgeschichte der Programmmusik*, Freiburg im Breisgau 1998.

Mechthild Schlumberger, *Was Musik alles ausdrücken kann: Musikerzählungen zur Annäherung an die Programmmusik*, in: Neue Musikzeitung 61/2 (2012).

Klaus Schneider, *Lexikon Programmmusik*, Bd. 1: Stoffe und Motive, Kassel 1999; Bd. 2: Figuren und Personen, ebd. 2000.

Kurt Schubert, *Programm-Musik* (Reihe *Musikalische Formen in historischen Reihen*, Bd. 13), 2. Aufl. Wolfenbüttel 1961.

Wolfgang Stockmeier, *Programmmusik*. (= Reihe *Das Musikwerk. Eine Beispielsammlung zur Musikgeschichte*, Bd. 34), Neuausgabe, Laaber 2005.

Heidi Thum-Gabler, *Sinfonische Dichtung. Arbeitsmaterialien im Musikunterricht*, Berlin und Marschacht 2007.

CD-Verzeichnis und Quellen

Hörbeispiele:

Hörbeispiel 1
Jan Dismas Zelenka: Drei Fanfaren, 0:30 (Ausschnitt)
CD: Splendor and the Brass – Festive Music of the Baroque, Summit Records 1996 (LC 30325)

Hörbeispiel 2
Dieterich Buxtehude: Herr ich lasse dich nicht, 0:55 (Ausschnitt)
CD: Dieterich Buxtehude. Kantaten, Guy de Mey, Max van Egmond & Ricercar Consort 2007 (LC 08851)

Hörbeispiel 3
Antônio Carlos Jobim: The Girl from Ipanema, 0:28 (Ausschnitt)
CD: Bar Music Moods – The Piano Edition, Vol. 1, Atlantic Five Jazz Band, Peppertoire 2008 (LC 15763)

Hörbeispiel 4
Arnold Schönberg: Suite für Klavier op. 25, Präludium, 0:46 (Ausschnitt)
CD: Schönberg: Musicien & peintre, Michel Maurer (Klavier), L'empreinte digitale 2010 (LC 14058)

Hörbeispiel 5
Ukrainischer Kosakenmarsch, 0:29 (Ausschnitt)
CD: March Grandioso, Wehrbereichsmusikkorps III, Erfurt, Koch Universal 2008 (LC 12677)

Hörbeispiel 6
Joseph Haydn: Quartett op. 76,1 G-Dur, IV Finale, 4:22
CD: Joseph Haydn. 27 String Quartetts, Amadeus Quartett, © 2009 Deutsche Grammophon GmbH, Hamburg (LC 00173)

Hörbeispiel 7
Peter Tschaikowsky: Sinfonie Nr. 4, I. Satz, 3:51 (Ausschnitt)
CD: Tschaikowsky. Sinfonie Nr. 4, 5, 6, Berliner Philharmoniker, Herbert von Karajan, Deutsche Grammophon (LC 00173)

Hörbeispiel 8
Dutch Rhythm Combo: Tune, 0:30 (Ausschnitt)
CD: Sounds of the Carribean, Highscore 2008 (LC 15781)

Hörbeispiel 9
Magnum: Composition Seven, 0:30 (Ausschnitt)
CD: Magnum – Fully Loaded, The Phoenix 1974 (LC 00679)

Hörbeispiel 10
Reformed Faction: 3. Stueck, 0:28 (Ausschnitt)
CD: The World Awake/11 Stueck, Soleilmoon 2012

Hörbeispiel 11
Flako: Humming, 0:31 (Ausschnitt)
The Mesektet 2LP/Digital - Project: Mooncircle 2011 – http://www.projectmooncircle.com/

Hörbeispiel 12
Michel Brusselmans: Bruegel-Szenen – Kermesse Flamande, 2:46
CD: The Flemish Connection. Orchestral Music II, Bjarte Engeset & Vlaams Radio Orkest, Klara 2002 (Presto Classical)

Hörbeispiel 13
Paul Dukas: Der Zauberlehrling (Beginn), 2:12 (Ausschnitt)
CD: Dukas. Der Zauberlehrling, James Levine & Berliner Philharmoniker, © 2012 Deutsche Grammophon GmbH, Berlin (LC 00173)

Hörbeispiel 14
Paul Dukas: Der Zauberlehrling (Der Besen erwacht), 2:00 (Ausschnitt)
CD: Dukas. Der Zauberlehrling, James Levine & Berliner Philharmoniker, © 2012 Deutsche Grammophon GmbH, Berlin (LC 00173)

Hörbeispiel 15
Paul Dukas: Der Zauberlehrling (Beilszene für Mitspielsatz), 0:39 (Ausschnitt)
CD: Dukas. Der Zauberlehrling, James Levine & Berliner Philharmoniker, © 2012 Deutsche Grammophon GmbH, Berlin (LC 00173)

Hörbeispiel 16
Paul Dukas: Der Zauberlehrling (Mehrere Besen erwachen), 2:29 (Ausschnitt)
CD: Dukas. Der Zauberlehrling, James Levine & Berliner Philharmoniker, © 2012 Deutsche Grammophon GmbH, Berlin (LC 00173)

Hörbeispiel 17
Paul Dukas: Der Zauberlehrling (Schluss), 1:35 (Ausschnitt)
CD: Dukas. Der Zauberlehrling, James Levine & Berliner Philharmoniker, © 2012 Deutsche Grammophon GmbH, Berlin (LC 00173)

Hörbeispiel 18
Paul Dukas: Der Zauberlehrling (Motiv des Zauberlehrlings), 0:09 (Ausschnitt)
CD: Dukas. Der Zauberlehrling, James Levine & Berliner Philharmoniker, © 2012 Deutsche Grammophon GmbH, Berlin (LC 00173)

Hörbeispiel 19
Paul Dukas: Der Zauberlehrling (Motiv des Zauberspruchs), 0:11 (Ausschnitt)
CD: Dukas. Der Zauberlehrling, James Levine & Berliner Philharmoniker, © 2012 Deutsche Grammophon GmbH, Berlin (LC 00173)

Hörbeispiel 20
Paul Dukas: Der Zauberlehrling (Motiv des Besens), 0:09 (Ausschnitt)
CD: Dukas. Der Zauberlehrling, James Levine & Berliner Philharmoniker, © 2012 Deutsche Grammophon GmbH, Berlin (LC 00173)

Hörbeispiel 21
Paul Dukas: Der Zauberlehrling (Motiv des Hexenmeisters), 0:16 (Ausschnitt)
CD: Dukas. Der Zauberlehrling, James Levine & Berliner Philharmoniker, © 2012 Deutsche Grammophon GmbH, Berlin (LC 00173)

Hörbeispiel 22
Paul Dukas: Der Zauberlehrling (Motiv des Wassers), 0:10 (Ausschnitt)
CD: Dukas. Der Zauberlehrling, James Levine & Berliner Philharmoniker, © 2012 Deutsche Grammophon GmbH, Berlin (LC 00173)

Hörbeispiel 23
Alexander Zemlinsky: Die Seejungfrau (Beginn), 2:02 (Ausschnitt)
CD: Zemlinsky. Die Seejungfrau, Psalms 13 & 23 (Reihe „Entartete Musik"), Riccardo Chailly, Kammerchor Ernst Senff, RSO Berlin, Decca 1987/1989 (LC 00171)

Hörbeispiel 24
Alexander Zemlinsky: Die Seejungfrau (Violine mit Orchester), 0:29 (Ausschnitt)
CD: Zemlinsky. Die Seejungfrau, Psalms 13 & 23 (Reihe „Entartete Musik"), Riccardo Chailly, Kammerchor Ernst Senff, RSO Berlin, Decca 1987/1989 (LC 00171)

Hörbeispiel 25
Alexander Zemlinsky: Die Seejungfrau (Motiv der Seejungfrau, Variante 1), 0:14
Oliver Bensch, Privataufnahme Robert Lang

Hörbeispiel 26
Alexander Zemlinsky: Die Seejungfrau (Motiv der Seejungfrau, Original), 0:15
Oliver Bensch, Privataufnahme Robert Lang

Hörbeispiel 27
Alexander Zemlinsky: Die Seejungfrau (Motiv der Seejungfrau, Variante 2), 0:14
Oliver Bensch, Privataufnahme Robert Lang

Hörbeispiel 28
Alexander Zemlinsky: Die Seejungfrau, (Seesturm), 0:49 (Ausschnitt)
CD: Zemlinsky. Die Seejungfrau, Psalms 13 & 23 (Reihe „Entartete Musik"), Riccardo Chailly, Kammerchor Ernst Senff, RSO Berlin, Decca 1987/1989 (LC 00171)

Hörbeispiel 29
Kalabresische Pastorale: Tu scendi dalle stelle, 0:42 (Ausschnitt)
CD: Where will you be Christmas Day? Pasquale Feis, Dust-to-Digital 2004

Hörbeispiel 30
Ludwig van Beethoven: Sinfonie Nr. 6, Pastorale, Ende 2. Satz, 1:06 (Ausschnitt)
CD: Beethoven. Symphonies, Claudio Abbado & Berliner Philharmoniker, Deutsche Grammophon (LC 00173)

Hörbeispiel 31
Amsel, 0:14
Privatarchiv Robert Lang

Hörbeispiel 32
Kuckuck, 0:15
Privatarchiv Robert Lang

Hörbeispiel 33
Wachtel, 0:09
Privatarchiv Robert Lang

Hörbeispiel 34
Taube, 0:18
Privatarchiv Robert Lang

Hörbeispiel 35
Nachtigall, 0:19
Privatarchiv Robert Lang

Hörbeispiel 36
Richard Strauss: Alpensinfonie op. 64, IX: Auf der Alm, 2:09
CD: Karajan. Richard Strauss: Also sprach Zarathustra, Alpensinfonie, Don Juan, Till Eulenspiegel, Four Last Songs, Herbert von Karajan & Berliner Philharmoniker, Deutsche Grammophon 2003 (LC 00173)

Hörbeispiel 37
The Real Group: Gøta, 2:39 (Ausschnitt)
CD: The Real Group: In the Middle of Life, EMI Sweden 2005 (LC 00542)

Hörbeispiel 38
Daniel Gottlob Türk: Nieten? Nieten? Nichts als kahle Nieten?, 0:14
Stephan Lenz, Privataufnahme Robert Lang

Hörbeispiel 39
Robert Schumann: Kinderszenen – Bittendes Kind, 0:59
CD: Schumann: Kinderszenen. Kreisleriana, Martha Argerich, Deutsche Grammophon 1984 (LC 00173)

Hörbeispiel 40
Franz Liszt: Tasso, 1:15 (Ausschnitt)
CD: Franz Liszt Symphonic Poems Les Préludes, Tasso, Ca qu'on entent sur la montagne, Árpád Joó & Budapest Symphony Orchestra, Brilliant Classics (LC 09421)

Sollte trotz aller Bemühungen um korrekte Urheberangaben ein Irrtum unterlaufen sein, bitten wir Sie darum, sich mit dem Verlag in Verbindung zu setzen, damit wir eventuell notwendige Korrekturen vornehmen können.

EinFach Musik

Unterrichtsmodelle

Herausgegeben von Norbert Schläbitz

Klassik? Klassik!
Klassische Musik im Unterricht
Von Ernst Klaus Schneider
99 S., zahlr. Abb., mit CD
DIN A4, kart., Best.-Nr. 018075

Romantik in der Musik
Von Norbert Schläbitz
102 S., zahlr. Abb., mit CD
DIN A4, kart., Best.-Nr. 018072

Expressionismus
Von Frauke Heß
und Matthias Henke
101 S., einige Abb., mit CD
DIN A4, kart., Best.-Nr. 018090

Neue Musik
Von Stefanie Dermann
102 S., einige Abb., mit CD
DIN A4, kart., Best.-Nr. 018073

Populäre Musik analysieren und interpretieren am Beispiel des Soul
Von Bernhard Weber unter
Mitarbeit von Norbert Schläbitz
104 S., einige Abb., mit CD
DIN A4, kart., Best.-Nr. 018076

Mozart
Von Matthias Korten
101 S., einige Abb., mit CD
DIN A4, kart., Best.-Nr. 018074

Ludwig van Beethoven
Ein Leben für die Kunst
Von Werner Abegg
und Michael Schultheis
98 S., einige Abb., mit CD
DIN A4, kart., Best.-Nr. 018080

Musik und Bild
Von inneren und äußeren Bildern
Von Ursula Ditzig-Engelhardt
89 S., vierfarb., zahlr. Abb., mit CD
DIN A4, kart., Best.-Nr. 018071

Musik und Liebe
Von Bernd Clausen
92 S., einige Abb., mit CD
DIN A4, kart., Best.-Nr. 018087

Musik covern – Original und Bearbeitung
Von Thomas Erlach
103 S., einige Abb., mit CD
DIN A4, kart., Best.-Nr. 018079

Szenische Interpretation von Musik
Eine Anleitung zur Entwicklung von
Spielkonzepten anhand ausgewählter
Beispiele
Von Wolfgang Martin Stroh
102 S., zahlr. Abb., mit CD
DIN A4, kart., Best.-Nr. 018077

Filmmusik
Von Christa Lamberts-Piel
99 S., zahlr. Abb., mit DVD
DIN A4, kart., Best.-Nr. 018078

Klassenmusizieren
Eine Klasse wird zur Band
Von Marco Ringel
95 S., mit CD, DIN A4, kart.,
Best.-Nr. 018088

Musiktheorie spielerisch erarbeiten
Von Marco Ringel
104 S., zahlr. Abb., mit CD
DIN A4, kart., Best.-Nr. 018084

Kreativer Musikunterricht
Ausgewählte Beispiele und Methoden
Von Marco Ringel
88 S., einige Abb., mit CD
DIN A4, kart., Best.-Nr. 018070

Mit Rhythmus anders lernen
Von Ursula Bredenbeck
98 S., einige Abb.,
DIN A4, kart., Best.-Nr. 018081

Die Reihe wird fortgesetzt!

Schöningh Verlag
Postfach 2540
33055 Paderborn

Schöningh

Fordern Sie unseren Prospekt zur kompletten Reihe an:
Informationen 0800 / 18 18 787 (freecall)
info@schoeningh.de / www.schoeningh-schulbuch.de